D1396268

CES FEMMES QUI S'EN FONT TROP

HOLLY HAZLETT-STEVENS, PH.D.

NOTE DE L'ÉDITEUR

Cet ouvrage vise à procurer des renseignements précis et fiables sur le sujet abordé. Il est entendu que l'éditeur n'est pas tenu de rendre des services psychologiques, financiers, juridiques ou autres services professionnels. Si une aide ou des conseils professionnels sont nécessaires, il est conseillé de faire appel aux services d'un professionnel compétent.

Publié précédemment aux États-Unis sous le titre *Women Who Worry Too Much* par New Harbinger Publications, Inc.

Traduction : Claire Perreau
Révision : Jérôme Mailloux-Garneau
Correction d'épreuves : Audrey Faille
Conception graphique et mise en pages : Interscript
Conception de la couverture : Cyclone Design
Photo de la couverture : Photos.com et Photodisc

Imprimé au Canada

ISBN-10 : 2-923351-43-6
ISBN-13 : 978-2-923351-43-8
Dépôt légal – Bibliothèque et Archives nationales du Québec, 2007

© 2005 by Holly Hazlett-Stevens
© 2007 Éditions Caractère

Tous droits réservés. Toute reproduction, traduction ou adaptation en tout ou en partie, par quelque procédé que ce soit, est strictement interdite sans l'autorisation préalable de l'Éditeur.

Visitez le site des Éditions Caractère
www.editionscaractere.com

Gouvernement du Québec –
Programme de crédit d'impôt pour l'édition de livres – Gestion SODEC

Pour Tom,
un mentor merveilleux et un être humain extraordinaire

REMERCIEMENTS

Les informations et les exercices contenus dans ce livre se fondent sur les recherches, l'expérience clinique et le travail théorique de nombreux professionnels. Nombre de chercheurs en psychologie ont consacré leur carrière à la compréhension de l'état d'inquiétude et d'anxiété et à la façon de le combattre. Ce livre n'aurait pas vu le jour sans leur précieuse contribution. Bien qu'il me soit impossible de fournir ici une liste exhaustive de ces personnes, je tiens à mentionner que j'ai été considérablement influencée par le travail et les idées de Thomas Borkovec, Michelle Newman, Louis Castonguay, Robert Ladouceur, Michel Dugas, Mark Freeston, David Barlow, Michelle Craske, Graham Davey, Adrian Wells, Gillian Butler, Lars-Göran Öst, Douglas Bernstein, Richard Heimberg, Lizabeth Roemer et Susan Orsillo.

Je serai éternellement reconnaissante envers les nombreux psychologues qui m'ont conseillée et guidée tout au long de ma formation. Je tiens à remercier particulièrement Tom Borkovec et Michelle Craske pour leur grande sagesse ainsi que pour l'encouragement et le soutien professionnel qu'ils m'ont offerts au fil des ans.

Je voudrais également remercier mes éditrices à New Harbinger, Tesilya Hanauer et Heather Mitchener, pour leurs efforts et leurs précieux commentaires sur mes ébauches de chapitres. Un merci tout particulier à Tesilya pour sa contribution au concept et au titre du livre. Sans elle, cet ouvrage n'existerait pas. Je remercie également Michelle Craske et Najwa Chowdbury pour leur excellente introduction et Jasmine Star pour son formidable travail de révision.

Merci à mon époux, Chris, pour son amour et son soutien inébranlables.

Pour terminer, je voudrais remercier tous les inquiets que j'ai rencontrés, personnellement et professionnellement, et qui ont partagé avec moi leurs histoires de luttes et de triomphes. Nos connaissances sur le sujet sont incomplètes si nous ne comprenons pas les expériences humaines qui nous les révèlent, quelles que soient les théories et les recherches académiques dont nous disposions.

INTRODUCTION

POURQUOI LES FEMMES SOUFFRENT DAVANTAGE D'ANXIÉTÉ ET SONT PLUS SOUVENT INQUIÈTES QUE LES HOMMES ?

Michelle G. Craske, Ph.D.
et Najwa Chowdbury, BS

Département de psychologie, Université de Californie, Los Angeles

Saviez-vous que les femmes courent deux fois plus de risques que les hommes de développer un trouble de l'anxiété ? L'origine de cette différence entre les sexes n'a pas été entièrement déterminée, mais nous explorerons, dans cette introduction, les causes des troubles de l'anxiété. Notamment, nous étudierons les raisons pour lesquelles les femmes luttent davantage que les hommes contre l'inquiétude et l'anxiété, et nous déterminerons l'influence de l'aspect physiologique et de l'expérience de la vie d'une femme sur les probabilités qu'elle développe des troubles de l'anxiété.

QUELLE EST L'ORIGINE DES TROUBLES DE L'ANXIÉTÉ ?

Les troubles de l'anxiété et d'autres formes de troubles émotionnels, tels que la dépression, ont tous un point en commun : ils se retrouvent généralement chez les personnes qui ont tendance à éprouver des sensations désagréables. En d'autres mots, certaines personnes sont plus exposées que d'autres aux émotions négatives telles que la peur, l'anxiété et la tristesse. Ce trait de personnalité est connu sous le nom d'*affectivité négative*. À elle seule, cette tendance n'entraîne pas nécessairement des troubles émotionnels. Mais imaginez qu'une personne qui en est atteinte traverse plusieurs expériences qui la poussent à croire que certains aspects de sa personnalité ou du monde extérieur sont dangereux. Elle manifesterait rapidement une tendance croissante à l'anxiété, ne se sentirait en sécurité nulle part et réagirait aux situations en les fuyant ou en les évitant. Plus l'affectivité négative d'une personne est initialement forte, plus elle trouve son entourage menaçant, ce qui la prédispose à ressentir de l'anxiété dans toutes sortes de situations.

Une personne anxieuse fait souvent preuve d'*hypervigilance*, ce qui signifie qu'elle accorde trop d'attention aux petits détails, occupée qu'elle est à rechercher ceux qui pourraient être des sources de menace. Lorsque l'esprit est hypervigilant, le corps subit également des changements physiologiques qui, à leur tour, se répercutent sur l'esprit, lequel sera encore plus à l'affût du danger. Une personne hypervigilante aura donc tendance à considérer qu'une situation ou que son environnement est source de danger, et elle réagira à ce danger en évitant le plus possible d'y être confrontée. Ainsi, vous saisissez à quel point ces facteurs entretiennent l'anxiété et favorisent le cercle vicieux.

Pour savoir ce qui conduit une personne plus qu'une autre à réagir avec anxiété à un type particulier de situation ou d'objet, il est nécessaire d'invoquer des expériences précises. Prenons l'exemple des personnes qui ont peur des chiens. Il est possible que cette peur apparaisse chez quelqu'un qui a été attaqué par un chien, mais il se peut également qu'elle découle d'une expérience indirecte au cours de laquelle une personne a assisté à une scène traumatisante impliquant un chien ou a simplement vu quelqu'un réagir avec une peur intense en présence d'un chien. Il existe même des gens qui ont peur des chiens parce que quelqu'un leur a dit qu'ils étaient dangereux et effrayants, et qu'il fallait donc les éviter. En somme, n'importe laquelle de ces expériences peut inciter une personne à considérer qu'une situation ou un objet en particulier, par exemple un chien, représente une

réelle menace. En outre, ces événements auront généralement des répercussions plus importantes chez une personne
souffrant d'*affectivité négative*.

Notre expérience de la vie joue un rôle important. Par
exemple, une personne qui est attaquée par un chien mais qui
a toujours aimé les chiens risquera moins d'en avoir peur
qu'une personne qui ne les associe pas à des souvenirs
agréables. Les expériences de vie en général ont aussi leur
importance. En effet, les personnes dont la vie est jalonnée de
réussites et qui sentent donc qu'elles ont un certain contrôle
sur les événements seront moins sujettes à l'anxiété que les
autres. Enfin, l'anxiété elle-même peut rendre plus vulnérable
aux situations pouvant occasionner de l'anxiété ou de la
détresse, particulièrement lorsque ces situations sont de
nature imprévisible ou incontrôlable.

À QUEL MOMENT APPARAISSENT LES TROUBLES DE L'ANXIÉTÉ ?

Vous serez sans doute surprise d'apprendre que, au moment
de l'enfance, les filles ne sont pas plus anxieuses que les
garçons. Mais elles y sont beaucoup plus vulnérables
lorsqu'approche la puberté et qu'elles traversent l'adolescence. Dans le cadre d'une étude menée en 1992, Renae
McGee et ses collaborateurs ont observé un groupe consi-
dérable de filles et de garçons pendant plusieurs années, et ce,
dans le but de détecter une forme grave d'inquiétude et
d'anxiété appelée *trouble d'anxiété généralisée*. Bien qu'ils
n'aient constaté aucune différence selon le sexe lorsque les
enfants étaient âgés de onze ans, au contraire, à la période de
l'adolescence, le nombre de filles atteintes de ce trouble
grave était six fois plus élevé que chez les garçons, ont-ils pu
conclure. En outre, ils ont constaté que les petites filles souffrant
d'anxiété courent davantage de risques d'avoir des difficultés

similaires à l'adolescence, et que les filles souffrant d'anxiété à l'adolescence ont davantage tendance à être angoissées lorsqu'elles arrivent à l'âge adulte. Comme vous pouvez le constater, chez la femme, la période séparant l'adolescence du début de la vie adulte est propice à l'apparition des troubles de l'anxiété. Par ailleurs, soulignons que les femmes âgées de quarante-cinq à soixante-quatre ans sont également plus exposées à ces problèmes (Offort *et al.*, 1996).

Bien qu'il existe une différence indéniable entre les femmes et les hommes quant à l'apparition des troubles de l'anxiété, la raison précise de cette différence demeure un mystère. Par ailleurs, mais dans un même ordre d'idées, soulignons également que les femmes sont plus sujettes à la déprime que les hommes, ce qui explique en partie leur degré d'anxiété, car l'anxiété entraîne souvent la déprime.

POURQUOI LES FEMMES SONT-ELLES PLUS VULNÉRABLES AUX TROUBLES DE L'ANXIÉTÉ ?

Bien que nous n'en connaissions pas toutes les raisons, plusieurs différences entre les deux sexes permettent de comprendre que les femmes sont plus vulnérables que les hommes aux troubles de l'anxiété. L'éducation, la tendance naturelle des femmes à ressentir certaines émotions de façon plus intense que les hommes et la réaction biologique au stress sont au nombre de ces différences.

Méthodes d'éducation et importance du sexe de l'enfant

Alors que le garçon et la fille ne sont encore que des *bébés* de quelques mois, il est déjà possible de déterminer des différences dans la façon dont ils sont éduqués. Les *mamans* semblent plus réceptives aux signaux et aux besoins de leurs petits garçons qu'à ceux de leurs petites filles, ce qui est dû au fait que les garçons expriment des besoins émotionnels plus marqués. Quelle que soit la raison de cette différence d'éducation, la réceptivité aux signes et aux expressions subtiles du nouveau-né peut causer des répercussions importantes sur le déroulement de l'enfance, puisqu'à cette période, les enfants comprennent à quel point leur monde et leurs propres émotions peuvent être prévisibles et contrôlables. Or, le degré de souffrance émotionnelle et la capacité de gérer les émotions dépendent de la conscience de cette prévisibilité et de ce contrôle (Craske, 2003). Il n'existe cependant pas d'étude prouvant clairement une relation entre la réceptivité des parents aux émotions de leur *bébé* et la prédisposition d'un enfant aux troubles de l'anxiété.

Sur le plan comportemental, les parents récompensent un garçon différemment d'une fille pendant l'enfance. Habituellement, les parents, et les gens en général, encouragent les garçons à s'affirmer, voire à être actifs et indépendants. Inversement, les comportements d'anxiété et d'évitement sont davantage valorisés chez les filles. La timidité et l'anxiété étant moins bien tolérées chez un garçon, ceux qui souffriront d'anxiété seront encouragés à dépasser leurs peurs, alors que, au contraire, l'anxiété sera souvent récompensée chez une fille, même si ce n'est pas fait de façon consciente.

Les parents, ou d'autres adultes jouant un rôle important dans la vie de l'enfant, traitent parfois les garçons et les filles de façon différente parce qu'ils pensent que les garçons sont davantage en possession de leurs moyens. Par conséquent, ils encourageront les garçons à relever des défis dans diverses situations et à développer ainsi certaines aptitudes, telles que l'élaboration de stratégies et la persévérance, qui faciliteront leur réussite dans la vie. De plus, parce qu'ils relèvent des défis, les garçons manifesteront davantage que les filles une tendance à accumuler les expériences positives qui leur permettront de mieux affronter les situations difficiles qu'ils pourraient rencontrer plus tard. Ils seront donc enclins à se considérer être plus forts que les filles et avoir un meilleur contrôle sur les choses (Ohannessian *et al.*, 1999). De plus, cette différence entre les sexes est observable tout au long de l'adolescence et de l'âge adulte.

Les filles ne sont pas seulement éduquées pour être moins fonceuses et indépendantes que les garçons ; elles sont également encouragées à être plus sociables et empathiques. Les femmes, plus particulièrement celles qui se trouvent très féminines, ont tendance à faire preuve d'une plus grande empathie que celle des hommes. Ce type de « formation » sociale correspond davantage à la sensibilité des femmes aux expressions faciales. C'est d'ailleurs probablement cette capacité à interpréter les expressions du visage qui démontre que leur vulnérabilité est plus grande que celle des hommes lorsqu'elles voient une personne manifester de la peur.

LA PRÉDISPOSITION À ÉPROUVER DES SENTIMENTS DÉSAGRÉABLES

Il est possible que les femmes soient plus sujettes à l'anxiété et aux troubles dépressifs parce qu'elles ont tendance à souffrir davantage d'affectivité négative et à ressentir des émotions négatives telles que la peur, l'anxiété et la tristesse. Une étude menée en 1995 par Doreen Arcus et Jerome Kagan démontre qu'à l'âge de deux ans, les filles sont plus inhibées et font preuve d'une plus grande *affectivité négative* que les garçons. C'est précisément à cet âge que débute l'étape de la socialisation pour les deux sexes, pendant laquelle l'enfant apprend à se comporter en s'inspirant des adultes qui l'entourent. L'écart entre les garçons et les filles concernant l'affectivité négative s'accroît aussi après l'enfance et au cours de l'adolescence, puisque ce trait de caractère s'accentue chez les filles alors qu'il ne varie pas chez les garçons. Étant donné que les femmes sont plus sujettes à l'affectivité négative, elles sont censées être plus réceptives aux menaces, manifester une plus forte tendance à développer des peurs et ressentir plus longtemps les répercussions émotionnelles des événements déplaisants.

En plus de l'écart entre les sexes quant à l'affectivité négative que l'on retrouve chez de nombreux peuples partout dans le monde (Lynn et Martin, 1997), les femmes sont aussi plus sensibles que les hommes aux expressions faciales. En effet, parce que le simple fait d'observer une personne réagir avec peur est une manière courante d'en développer une, cette sensibilité (aux expressions faciales) démontre qu'il arrive plus souvent aux femmes qu'aux hommes d'« apprendre » à avoir peur.

Les recherches démontrent également que les femmes s'inquiètent et *ruminent* davantage que les hommes. Se livrer à une certaine réflexion peut nous aider à être prévoyants et à examiner différentes possibilités pour prendre une décision. Mais l'inquiétude et les ruminations peuvent empêcher de résoudre efficacement un problème ou encore induire une sensation permanente de détresse. L'incertitude entourant des menaces pouvant survenir semble favoriser l'inquiétude. Or, une trop grande inquiétude révèle habituellement que la personne a tendance à s'imaginer un avenir rempli de problèmes et de catastrophes.

Les femmes se concentrent davantage que les hommes sur leurs défauts. Cette *autodévalorisation* engendre un sentiment de détresse ainsi que de la mauvaise humeur (Moor et Winquist, 2002). Des recherches suggèrent en outre que les femmes sont plus à l'écoute de leurs émotions que les hommes (Pennebaker, 2000). Être réceptif à ses émotions peut évidemment être bénéfique et vous permettre de savoir ce qui vous convient réellement. Mais plus une personne est à l'écoute de ses réactions émotionnelles déplaisantes, plus elle aura tendance à éprouver de la peur. Les femmes ayant une conscience supérieure de leurs émotions peuvent ainsi développer davantage de peur et d'anxiété.

Les femmes sont plus à l'écoute de leur vie intérieure, mais elles sont toutefois moins aptes à juger avec exactitude ce qui se passe réellement en elles. Elles ont tendance, plus que les hommes, à se fier à ce qui se passe autour d'elles pour déterminer comment elles se sentent (Pennebaker et Roberts, 1992). Cela n'est pas étonnant si l'on considère qu'elles sont plus sensibles aux expressions faciales dont les gens s'inspirent couramment pour juger des dangers pouvant les guetter ou de leur propre état émotionnel. Être sensible aux sentiments des autres est évidemment utile et permet de créer des liens étroits et bienveillants, et de partager une certaine intimité avec eux. Mais lorsque les gens dépendent trop d'une situation qui leur est extérieure ou des réactions des autres pour juger de leur propre état, ils sont alors moins aptes à interpréter leurs sentiments, ce qui peut entraîner une grande anxiété qui sera accompagnée d'une tendance à tirer des conclusions hâtives.

Étant donné que les hommes sont plus aptes à se fier à leurs signaux internes et à les interpréter avec exactitude pour juger de leur état émotionnel, ils savent mieux distinguer ce qui est dangereux de ce qui ne l'est pas. Pour leur part, les femmes subissent plusieurs influences qui les empêchent de faire cette distinction, si bien qu'elles réagissent à de nombreuses situations par de l'anxiété. Elles doivent donc composer avec leur tendance à s'inquiéter, à s'autodévaloriser et à accorder trop d'importance aux détails extérieurs pour déterminer ce qu'elles ressentent. Mais elles vivent leurs émotions avec plus d'intensité que les hommes.

Les femmes ne sont pas plus vulnérables aux expériences traumatisantes que les hommes. En fait, il s'agit plutôt du contraire. Il ne s'agit donc pas d'un argument justifiant une anxiété plus élevée chez les femmes. Par contre, les femmes manifesteront davantage une tendance à souffrir de troubles émotionnels après avoir vécu un traumatisme. Cette réactivité émotionnelle accrue contribuera à favoriser la détresse et les réactions émotionnelles marquées lors de situations de stress futures, rendant ainsi les femmes plus vulnérables aux troubles de l'anxiété.

« COMBATTRE OU FUIR » PAR OPPOSITION À « PRENDRE SOIN ET COPINER »

L'étude de la physiologie et du comportement démontre que les femmes ont tendance à réagir à diverses situations avec anxiété. Les recherches qui ont permis d'arriver à cette conclusion sont intéressantes en ce qu'elles permettent de comprendre que l'homme et la femme ont évolué différemment au cours de l'histoire. Dans le cadre d'études portant sur leurs réactions à un stress immédiat, des différences importantes ont été observées entre les deux sexes. L'homme et la femme peuvent tous les deux réagir à un événement par le phénomène « combattre ou fuir » lorsqu'ils font face à une situation stressante. Lorsque cette réaction se produit, le corps subit de nombreux changements physiologiques, par exemple une accélération du rythme cardiaque, laquelle entraîne une production d'adrénaline. Ces réactions servent à préparer le corps à combattre une menace ou à fuir une situation dangereuse. Mais la situation de l'homme en général a évolué depuis que la réaction « combattre ou fuir » est apparue, ce qui la rend maintenant inappropriée dans certaines situations de stress que nous pouvons vivre aujourd'hui.

Une des grandes différences entre les hommes et les femmes consiste dans le fait que certaines hormones du corps des femmes deviennent actives lorsqu'elles sont soumises à un stress soudain. Ces hormones atténuent les effets du système de réaction « combattre ou fuir ». La réaction physiologique des femmes à un stress élevé est donc plus faible que celle des hommes. Cette atténuation de la réaction « combattre ou fuir » est importante du point de vue de l'*évolution* des espèces puisqu'elle a permis aux femmes de protéger leur progéniture. Au lieu de combattre ou de fuir, une femme exposée au stress aura tendance à prendre soin de ses enfants et à « copiner » avec les autres pour assurer la protection du groupe. Il est important de noter que cette réaction naturelle au stress consistant à « prendre soin et copiner » peut renforcer la tendance à éviter les situations jugées menaçantes, d'où une anxiété accrue et une perception plus marquée des menaces. À l'inverse, bien que la réaction des hommes consistant à « combattre ou fuir » les expose à de plus grands dangers, elle représente une occasion de trouver des moyens efficaces pour les repousser, ce qui est une autre façon d'apprendre à être indépendant et à s'affirmer.

EN CONCLUSION

Nous avons abordé dans cette introduction certaines des raisons pour lesquelles les femmes sont plus exposées à l'anxiété et à l'inquiétude que les hommes. Bien qu'il existe des facteurs indéniables – biologiques, sociaux et psychologiques – qui prédisposent les femmes à l'anxiété, il est en leur pouvoir de la combattre. Les techniques simples et efficaces proposées dans ce livre ont aidé de nombreuses personnes et s'appuient sur des recherches scientifiques. Puissiez-vous bénéficier des stratégies qui vous y sont offertes pour affronter vos propres inquiétudes.

L'ORIGINE DE L'INQUIÉTUDE ET DE L'ANXIÉTÉ

CHAPITRE 1

Fondements de l'inquiétude

SHARON OU L'INQUIÉTUDE À S'EN RENDRE MALADE

Sharon était de nature inquiète. Lorsqu'elle était éveillée, elle passait le plus clair de son temps à imaginer toutes sortes de situations déplaisantes pouvant survenir au travail ou avec ses enfants. Elle était souvent agitée et à bout de nerfs, et elle ne savait pas comment s'y prendre pour ralentir suffisamment le flot de ses pensées et se détendre. Dernièrement, cette tension qu'elle ressentait en permanence semblait se répercuter dans toutes les sphères de sa vie, au point qu'elle devenait agressive avec son mari, ses enfants et ses amis, avait du mal à se concentrer au travail et perdait sa libido. Ses inquiétudes et la tension qu'elle subissait commencèrent également à atteindre son corps ; elle avait l'estomac noué en permanence, ressentait une tension musculaire constante dans le haut du dos et des épaules et attrapait un rhume ou une grippe au moindre microbe ou virus qui se propageait au bureau ou à l'école de ses enfants. Sharon estimait avoir de la chance quand elle réussissait à dormir quatre heures dans une nuit. La plupart du temps, elle ne s'endormait qu'au bout de quelques heures. Ironiquement, elle ne parvenait pas à trouver le sommeil parce qu'elle s'inquiétait du fait qu'elle ne réussissait pas à s'endormir !

Vint un moment où Sharon commença à s'inquiéter de sa situation. Elle s'inquiétait parce qu'elle était trop inquiète, et se demandait où tout ça la mènerait. «Comment pourrais-je continuer à vivre de cette façon?», se demandait-elle. Ou encore, «Et si j'étais en train de m'épuiser et de passer à côté des plus belles années de ma vie?» Sharon avait honte de ses inquiétudes, mais se sentait impuissante et ne savait pas comment changer. C'était comme si ses inquiétudes étaient une sorte de nuage noir qui la suivait partout: «Que se passera-t-il si je ne finis pas ce projet d'ici 16 heures? Comment pourrai-je partir du travail à l'heure pour récupérer les enfants? Je suis tellement fatiguée. Comment vais-je parvenir à supporter une autre journée si je ne dors pas? Et si je tombais encore malade? Je ne peux pas me permettre de m'absenter du travail».

Rassurez-vous si l'histoire de Sharon vous rappelle votre propre expérience, car vous êtes loin d'être la seule dans ce cas. De nombreuses femmes sont aux prises avec l'inquiétude et l'anxiété au cours de leur vie. Mais elles sont également nombreuses à gagner ce combat en apprenant à contrôler leurs pensées et leurs sentiments d'anxiété, en les empêchant d'envahir et de diriger leur vie. Mais l'histoire de Sharon vous semble peut-être différente ou plus extrême que ce que vous vivez. Il est en effet possible que l'inquiétude affecte votre vie d'une autre façon. Si tel est le cas, ne perdez pas espoir. Ce livre est destiné aux femmes qui s'en font plus qu'elles ne le voudraient, quelle que soit la nature de leurs inquiétudes ou le nombre de symptômes qui les accompagnent.

QU'EST-CE QUE L'INQUIÉTUDE?

Bien que nous sachions tous de prime abord ce qu'est l'inquiétude, il peut être difficile de la définir avec précision. Comment faire la distinction entre des inquiétudes et des pensées? La plupart des gens estiment qu'une inquiétude est une pensée négative ou pessimiste à propos d'une situation future ou d'une remise en question quant à une situation passée. Lorsque l'on est inquiet, on se pose ce genre de question : « Et si ça se passait mal et que je n'arrivais pas à faire face ? ». Si les questions que nous nous posons ne sont pas résolues, elles accentuent notre anxiété, d'où que l'on considère l'inquiétude comme étant la composante *pensée* de l'anxiété. L'inquiétude est donc ce que vous vous dites lorsque vous êtes angoissée, souvent par anticipation de l'issue d'une situation ou d'un événement prochain.

Il est possible que vous lisiez cet ouvrage parce que vous estimez que vos inquiétudes sont excessives ou que vous n'arrivez pas à les contrôler. Gardez cependant à l'esprit que la plupart des gens traversent, au cours de leur vie, des périodes d'inquiétude plus ou moins intenses. En fait, notre capacité à se faire du mauvais sang en général provient de notre faculté naturelle à prévoir en anticipant l'avenir. Sans cette faculté humaine fondamentale, vous n'auriez probablement pas fait les courses pour pouvoir faire le repas ; vous n'auriez pas de vêtements propres à vous mettre au moment de vous habiller et vous vous retrouveriez à court d'essence sur la route.

Le fait de penser aux choses à l'avance a également l'avantage de permettre d'anticiper et de résoudre des problèmes potentiels avant qu'ils ne surviennent. Dans ce cas précis, l'anticipation de l'avenir appelle une action qui fournit une solution précise à un problème particulier. Imaginez, par exemple, que vous arrivez au bureau un matin et que votre patron vous informe que vous n'aurez pas le temps de prendre votre pause-repas, alors que vous aviez prévu de rencontrer une amie pour dîner. Vous vous retrouvez confrontée à un problème précis à résoudre, puisque vous ne pouvez pas vous trouver à deux endroits en même temps. Une fois le problème identifié, vous pouvez commencer à envisager des solutions, les évaluer et prendre une décision. Ainsi, vous pourriez décider de répondre à votre patron que vous aviez déjà des projets, ou de reporter votre repas avec votre amie. En d'autres termes, vous pouvez résoudre efficacement un problème en y pensant quelques heures à l'avance et en prenant les mesures nécessaires.

D'un autre côté, l'anticipation peut rapidement laisser place à l'inquiétude si vous essayez de résoudre des problèmes vagues, si vous ne trouvez pas de solution à vos problèmes ou si vous voulez éviter une situation qui, de toutes façons, a peu de chances de se produire. Sans la présence d'un problème précis ou d'une solution précise dont vous avez le contrôle, le processus entier s'effondre. Au lieu de diminuer votre degré d'anxiété ou de stress grâce à la satisfaction d'avoir résolu un problème, l'anticipation n'a fait que générer une plus forte anxiété. Ce type de pensée est considéré être de l'inquiétude.

Résolution de problèmes	**Inquiétude**
Problème concret	Problème vague
Possibilité de solution	Aucune solution précise
Résolution du problème après avoir évalué les choix possibles	Problème demeure non résolu
Anticipation qui mène à l'action	Anticipation qui mène à l'anxiété

EXERCICE DE CONSCIENTISATION N° 1

Inquiétude ou résolution de problème ?

Cet exercice a pour but d'apprendre à faire la distinction entre la résolution de problème et l'inquiétude.

1. Pensez à un problème précis et concret qui peut être facilement résolu. Imaginez, par exemple, que c'est à votre tour de récupérer les enfants à l'école, mais que vous avez un rendez-vous chez le médecin. Déterminez en quoi il s'agit d'un problème concret qui peut être résolu en prenant des mesures précises.

2. Pensez maintenant à une inquiétude. Il peut s'agir, par exemple, de vous demander ce qui se passerait si vous aviez pris une mauvaise décision, si vous ne parveniez pas à atteindre un but ou si vous déceviez votre entourage. Toutes ces questions sont assez vagues et ne peuvent pas être résolues au moyen de solutions ou de mesures précises.

3. Utilisez la liste de la page précédente pour distinguer la résolution de problème de l'inquiétude. Au cours des jours prochains, soyez à l'écoute de vos pensées et essayez de faire la distinction entre les moments où vous vous inquiétez et ceux où vous résolvez un problème avec succès. Remarquez comment vous vous sentez lorsque vous résolvez un problème avec efficacité par comparaison aux moments où vos inquiétudes prennent le dessus.

4. Si vous vous surprenez en train de vous inquiéter, demandez-vous si vous pouvez prendre immédiatement des mesures précises afin de gérer la situation. Ce réflexe peut vous aider à vous mettre sur le mode « résolution de problème » si vous faites face à un problème sur lequel vous avez un pouvoir.

QUELLE EST LA DIFFÉRENCE ENTRE, D'UNE PART, L'INQUIÉTUDE ET, D'AUTRE PART, L'ANXIÉTÉ, LA PEUR ET LES CRISES DE PANIQUE ?

Tandis que l'inquiétude est, comme nous l'avons mentionné, un type précis de pensée, l'*anxiété* fait référence à l'ensemble des sentiments et des sensations physiques qui accompagnent l'inquiétude. L'inquiétude est l'anticipation par votre esprit de dangers potentiels. L'anxiété est la façon dont votre corps réagit à l'anticipation de ces dangers potentiels. Un des symptômes d'anxiété qui accompagnent le plus souvent l'inquiétude chronique est la tension musculaire. L'accélération du rythme cardiaque et la sensation d'être à court d'oxygène sont également au nombre de ces symptômes ; ils peuvent survenir lorsque vous essayez d'anticiper un événement futur ou lorsqu'une situation est imminente.

La *peur* est l'émotion fondamentale que vous ressentez lorsque votre esprit perçoit un danger immédiat. Il s'agit d'une émotion à caractère physique, puisqu'elle vous permet de vous protéger du danger le plus rapidement possible. La réaction physique déclenchée automatiquement dans une telle situation est la réaction consistant à combattre ou à fuir, parce que votre corps est conditionné à attaquer ou à s'éloigner du danger. Par exemple, votre rythme cardiaque s'accélère pour permettre au sang de se déplacer vers vos muscles principaux, ce qui libère l'oxygène dont ceux-ci ont besoin pour permettre à votre corps de se déplacer rapidement. Votre respiration s'accélère également pour fournir à votre corps une plus grande quantité d'oxygène. La transpiration permet, quant à elle, de refroidir le corps pour le préparer à une activité physique telle que le combat ou la course. Contrairement à l'inquiétude, la peur ne fait que très peu appel à la pensée. Elle sollicite plutôt le programme biologique primitif inscrit dans votre corps pour vous protéger du danger.

Chez certaines personnes, la réaction « combattre ou fuir » se déclenche même en l'absence de danger réel ; il s'agit alors de panique. Certains oscillent entre les deux extrêmes et alternent entre l'inquiétude et la *panique*. Bien que quelques-unes des stratégies proposées dans ce livre puissent s'appliquer à la panique, elles sont présentées d'une façon qui les rend plus efficaces pour gérer l'inquiétude. Si vous pensez être concernée par les problèmes de panique, les références présentées à la fin de ce livre pourraient vous être utiles.

QUELLE EST L'ORIGINE DE L'INQUIÉTUDE CHRONIQUE ?

Pourquoi les femmes sont-elles plus sujettes à l'inquiétude ? Il n'existe pas de réponse simple à cette question, parce qu'il est important de prendre en considération un ensemble de facteurs différents. Vous venez juste de lire, dans l'introduction, pourquoi les femmes souffrent davantage d'anxiété et s'inquiètent plus que les hommes. Il arrive parfois que le fait de comprendre pourquoi les femmes sont plus vulnérables que les hommes à certains problèmes nous décourage. Les femmes font l'erreur de croire que c'est parce qu'elles sont des femmes qu'elles ont des problèmes et qu'elles ne peuvent pas surmonter leurs difficultés. Or, les hommes ont autant de problèmes que les femmes, mais ils livrent d'autres batailles ; ce qui ne signifie pas qu'ils ne se font pas de soucis ou qu'ils ne sont pas victimes d'anxiété. La plupart des gens sont inquiets de temps à autre, et certains hommes souffrent d'inquiétude grave et chronique.

Les gens demandent souvent pourquoi l'anxiété et l'inquiétude sont causées par des facteurs biologiques, par exemple les gènes, ou par des facteurs environnementaux, par exemple les situations vécues durant l'enfance. Peut-être avez-vous entendu parler de cette distinction comme étant la *controverse sur l'inné et l'acquis*. Le problème de cette controverse est que ces *deux* types de facteurs se révèlent très importants. Par exemple, ces facteurs ne se contenteront pas de générer de l'inquiétude et de l'anxiété indépendamment les uns des autres. Au contraire, une personne sera également plus sujette aux symptômes d'anxiété et d'inquiétude du fait de l'interaction entre ces facteurs et de la façon dont ils se nourrissent entre eux.

Vous êtes-vous déjà demandé si votre inquiétude était héréditaire ? De nombreuses recherches ont démontré que les gènes jouaient effectivement un rôle à cet égard. Mais l'inquiétude ne se transmet pas de la même façon que les maladies génétiques. Il est possible que la constitution génétique d'une personne présente une tendance générale à réagir aux situations avec un degré élevé d'anxiété. Cette tendance à l'anxiété et aux autres émotions peut entraîner des problèmes d'inquiétude, d'anxiété et de dépression, mais ce n'est pas systématique. Même si une personne hérite de ce type de constitution génétique – laquelle est censée être composée de plusieurs gènes et non d'un seul –, il est possible que l'expérience de la vie et l'environnement de cette personne la mettent à l'abri des problèmes liés aux émotions négatives et des difficultés psychologiques qui s'y rapportent. Ce trait génétique est également très général. C'est la raison pour laquelle le fait d'hériter de cette tendance émotionnelle générale peut entraîner des troubles de l'anxiété chez une première personne, mais des problèmes qui seront complètement différents de ceux qui seront observés chez une deuxième personne ; alors qu'une troisième personne développera, quant à elle, des problèmes de dépression.

Les gènes ne sont pas la seule raison pour laquelle certaines personnes développent des traits de personnalité, voire un *tempérament*, qui les rendent davantage vulnérables à l'inquiétude et à l'anxiété. Les influences que notre environnement nous fait subir peuvent également être très fortes. Vous rappelez-vous avoir vécu, dans votre enfance, une situation vous ayant donné la sensation que le monde était imprévisible et difficile à contrôler ? Ce type de situation est le plus souvent lié à l'inquiétude chronique, et il incite les gens à percevoir le monde comme étant dangereux s'il se reproduit souvent. Face à ce genre de situation, certaines personnes se perçoivent comme étant incapables de contrôler leur environnement et mal préparées pour y faire face. Les traumatismes graves, par exemple une violence récurrente subie pendant l'enfance, en constituent un bon exemple. Toutefois, des expériences beaucoup moins tragiques peuvent également être cruciales. Avoir un parent déprimé ou malade, se voir administrer des punitions de façon inéquitable par ses parents ou ses enseignants, ou être critiqué de façon exagérée, ou encore se faire insulter, agresser ou maltraiter à l'école sans pouvoir se défendre font partie des expériences qui marquent un enfant.

Le fait d'avoir des parents surprotecteurs ou d'être entouré de personnes qui réagissent aux situations avec inquiétude et anxiété peut également avoir des répercussions importantes sur un enfant. En effet, l'inquiétude et l'anxiété peuvent se perpétuer dans une famille non seulement à cause des gènes, mais également parce qu'il est possible d'apprendre à reproduire un schéma. De plus, de nombreuses expériences similaires peuvent contribuer à considérer le monde comme étant un endroit dangereux, ainsi qu'à penser que l'avenir est rempli de dangers potentiels auxquels il vous sera impossible de faire face.

EXERCICE DE CONSCIENTISATION N° 2

Analysez votre expérience personnelle

Rappelez-vous vos expériences passées.

1. Essayez de trouver les expériences de votre passé qui pourraient avoir contribué à votre tendance à l'inquiétude.

Pensez aux situations dans lesquelles vous aviez trouvé la vie trop imprévisible et étiez dépassée par les événements.

2. Posez-vous les questions suivantes :

- En quoi ces expériences ont-elles influencé la façon dont vous vous percevez, et dont vous percevez les autres et la vie en général ?

- Quelles attentes vos expériences passées ont-elles créées quant aux situations que vous vivez actuellement et quant à votre interaction avec les autres ?

- De quelle façon votre tendance à l'anxiété et aux autres émotions négatives peut-elle influencer la façon dont vous percevez votre environnement actuel ?

- En quoi votre tendance à envisager l'avenir comme étant un danger, et à vous croire incapable de faire face aux événements, influence-t-elle votre comportement dans certaines situations ?

LES FEMMES ET L'INQUIÉTUDE

Pour quelles raisons les femmes s'en font-elles habituellement ? Bien que nous ne sachions pas réellement en quoi les inquiétudes des femmes se distinguent de celles des hommes, nous savons que nous nous inquiétons habituellement pour notre famille et pour nos relations personnelles. Le travail, les études, les finances et la santé ou la sécurité physique font également partie des principales sources d'inquiétude. Mais les personnes souffrant d'inquiétude chronique s'en font également pour des détails. Les contraintes de la vie quotidienne, par exemple les réparations de la voiture, et les préoccupations d'importance moindre, telles que le fait d'arriver à l'heure à un rendez-vous, peuvent être des sources d'inquiétude chez ces personnes. Les inquiétudes des personnes qui s'inquiètent beaucoup sont davantage axées sur la peur de l'échec, la sensation de ne pas être à leur place ou de ne pas être à la hauteur que ne le sont les inquiétudes de personnes qui s'en font moins.

Les femmes sont davantage aux prises avec l'inquiétude que les hommes. Il arrive qu'elles obtiennent des résultats plus élevés que les hommes aux questionnaires « papier-crayon » portant sur l'inquiétude (Meyer *et al.*, 1990). Les recherches portant sur le *trouble de l'anxiété généralisée*, lequel est accompagné d'une forme extrême d'inquiétude excessive et incontrôlable ainsi que d'autres symptômes d'anxiété chronique, ont démontré que 5 % des Américains souffraient de ce trouble d'anxiété généralisée à un moment ou l'autre de leur vie (Wittchen *et al.*, 1994). Les femmes courent deux fois plus de risques d'être atteintes de ce trouble. L'association Anxiety Disorders Association of America annonçait, en 2003, qu'elle estimait le nombre d'Américains souffrant de ce trouble à quatre millions de personnes. Seulement aux États-Unis, 2,6 millions de femmes sont aux prises avec des troubles graves liés à l'inquiétude.

De nombreuses femmes souffrent d'inquiétude chronique sans qu'un trouble d'anxiété généralisée ne leur soit diagnostiqué. Les résultats d'une enquête importante menée à l'Université de Pennsylvanie révèlent que 28 % des étudiants visés souffrent d'une inquiétude excessive et incontrôlable, même si seulement 6 % présentent les symptômes permettant de diagnostiquer *un trouble d'anxiété généralisée* (Ruscio, 2002). L'inquiétude chronique peut compromettre l'efficacité du système immunitaire et entraîne parfois des malaises physiques tels que des problèmes gastro-intestinaux. D'où que les personnes atteintes de troubles d'anxiété généralisée rendent plus souvent visite à leur médecin que les personnes ne souffrant pas d'anxiété ou d'autres problèmes similaires.

L'inquiétude chronique est habituellement accompagnée de symptômes d'anxiété, par exemple une tension musculaire permanente, des maux de tête ou une difficulté à s'endormir ou à rester endormi. L'irritabilité et les difficultés de concentration sont également au nombre de ces symptômes. Lorsque vous vous faites du souci, votre esprit se détache du moment présent et n'est donc plus concentré sur la tâche que vous effectuez, ce qui porte atteinte à la qualité de votre travail et à votre productivité. Plus important encore, si vous êtes distraite par vos inquiétudes lorsque vous êtes avec des amis ou des proches, vous n'êtes pas en mesure de profiter pleinement du moment que vous passez avec eux. Il n'est donc pas surprenant que vos relations intimes puissent souffrir de votre tendance à l'inquiétude. Ces exemples vous donnent une petite idée de l'influence que votre inquiétude peut avoir sur votre qualité de vie, et de la façon dont elle peut porter atteinte à vos moments de plaisir et vous empêcher d'éprouver une sensation de paix et de contentement.

EXERCICE DE CONSCIENTISATION Nº 3

Les répercussions de l'inquiétude

Quelles répercussions l'inquiétude peut-elle avoir sur votre vie ?

1. Demandez-vous en quoi la qualité de vos relations avec les autres ou de votre travail peut être affectée par votre inquiétude.

2. Avez-vous remarqué que votre inquiétude avait des répercussions particulières sur votre bien-être psychologique, par exemple de l'agitation, une perte de sommeil ou de la déprime ?

Gardez vos réponses à l'esprit en lisant la prochaine section.

SOUFFREZ-VOUS D'ANXIÉTÉ ?

Vous seule pouvez décider si l'inquiétude constitue un problème pour vous. Vous avez peut-être lu ce chapitre en vous disant que les problèmes d'anxiété chronique vous rappelaient un peu trop votre propre expérience. Trouvez-vous que l'intensité émotionnelle de vos inquiétudes est souvent disproportionnée par rapport au problème réel ? Si, en portant un regard honnête sur vous-même, vous en arrivez à la conclusion que vous vous sentiriez beaucoup mieux si vous vous inquiétiez moins, ce livre pourrait vous aider.

Répondez aux questions suivantes :

- Vous en faites-vous pour des détails, par exemple votre ponctualité à des rendez-vous, des tâches ménagères ou des réparations mineures à votre voiture ou à votre maison ?

- Vos inquiétudes portent-elles souvent sur des thèmes tels que l'échec, le sentiment de ne pas être à la hauteur ou la sensation de ne pas être à votre place ?

- Vos inquiétudes sont-elles accompagnées d'autres symptômes d'anxiété tels que des douleurs à l'estomac, des tensions musculaires, de l'irritabilité ou des difficultés à vous endormir ?

- Vos inquiétudes vous incitent-elles souvent à la procrastination ?

- Vos inquiétudes vous empêchent-elles de vous concentrer sur le moment présent ?

- Vos inquiétudes vous empêchent-elles d'être vous-même avec les autres ?

Si vous avez répondu « oui » à au moins une de ces questions, il se pourrait que vous souffriez d'inquiétude chronique.

Les questionnaires sur les inquiétudes procurent un autre moyen de déterminer si vous avez tendance à trop vous en faire. Vous trouverez, ci-dessous, quelques éléments du questionnaire sur les inquiétudes, élaboré par l'Université de l'État de Pennsylvanie et auquel il est souvent fait référence dans le cadre de recherches psychologiques*. Après avoir lu chacune de ces phrases, demandez-vous si elles s'appliquent à vous ou non :

- Je me sens submergée par mes inquiétudes.

- De nombreuses situations suscitent mon inquiétude.

- Je sais que je ne devrais pas m'en faire, mais je ne peux pas m'en empêcher.

- Je me fais beaucoup de soucis lorsque je suis sous pression.

- Je m'inquiète toujours pour quelque chose.

- Lorsque je m'inquiète pour quelque chose, j'en suis consciente.

- Une fois que je commence à m'inquiéter, je ne peux plus m'arrêter.

- Je m'en fais tout le temps.

Si la plupart de ces phrases vous rappellent votre propre situation, il est possible que vous soyez atteinte d'*inquiétude chronique*. Il est également possible que l'inquiétude soit un problème dont vous deviez tenir compte si vous avez répondu « oui » à seulement une ou deux de ces phrases. Si vous n'avez toujours pas déterminé si l'inquiétude est un problème qui

---

* Repris de la version réimprimée de Meyer *et al.*, 1990. Development and validation of the Penn State Worry Questionnaire. *Behaviour Research and Therap*, vol. 28, 1990, p. 487-495, avec l'autorisation d'Elsevier.

vous concerne, continuez votre lecture. Il pourrait être intéressant de mettre en pratique les stratégies présentées à la partie 2 pour déterminer si elles améliorent votre qualité de vie.

COMMENT UTILISER CE LIVRE

La bonne nouvelle est que vous n'êtes pas condamnée à vous inquiéter toute votre vie. Quelles que soient les raisons pour lesquelles vos inquiétudes se sont installées, il est possible de les modifier en adoptant et en pratiquant régulièrement de nouvelles façons de réagir. Le prochain chapitre vous permettra d'analyser les habitudes qui favorisent les inquiétudes dans votre vie. La deuxième partie vous présentera des méthodes précises et vous proposera des exercices que vous devrez mettre en pratique. Une fois les exercices effectués, la troisième partie vous montrera la manière d'appliquer ce que vous avez appris à des sphères précises de votre vie. Il est possible que vous décidiez de lire le livre en entier avant d'effectuer les exercices, ce qui pourrait faciliter les choses lorsque vous commencerez. Gardez à l'esprit que certaines stratégies peuvent s'avérer plus efficaces pour vous que pour d'autres personnes. Au lieu d'essayer de deviner lesquelles vous conviennent le mieux, appliquez-les toutes consciencieusement afin de prendre une décision en connaissance de cause.

Comme tel est le cas pour toutes les stratégies de croissance personnelle, les stratégies, qui vous sont proposées dans ce livre, ne pourront être efficaces que grâce à un investissement de votre part et une pratique régulière. Votre attitude est tout aussi importante. Si vous pensez que ce programme de croissance personnelle ne vous aidera pas, il y a de fortes chances pour que ce soit le cas. Les personnes qui mettent ces stratégies en pratique en ayant cet état d'esprit penseront, à la première difficulté rencontrée, qu'elles avaient raison de se méfier du programme. Ces personnes ne réalisent pas qu'il est indispensable d'appliquer régulièrement ces stratégies avant qu'elles deviennent efficaces. L'extrême opposé peut également représenter un problème. Croire que ces stratégies effaceront, comme par magie, votre anxiété, votre inconfort ou votre souffrance émotionnelle ne peut que vous décevoir. Au lieu de tomber dans un de ces deux extrêmes, essayez d'appliquer ces stratégies avec un esprit ouvert, une certaine dose de curiosité et la volonté de découvrir des choses sur vous-même. Il vous est impossible de savoir si elles vous seront utiles, mais vous pouvez au moins faire de votre mieux et voir ce qu'il advient.

Aucun livre de croissance personnelle ne peut remplacer une bonne psychothérapie ou des conseils avisés. Si vous pensez souffrir de problèmes graves, ou si vous avez besoin d'aide pour mettre en application les stratégies proposées dans ce livre, appliquez les instructions fournies à la fin du livre pour obtenir une aide professionnelle. Si vous consultez déjà un thérapeute, utilisez ce livre comme s'il était un outil à partager avec lui. Parlez-lui de ce que vous avez ressenti en mettant les exercices en application et faites-vous aider pour comprendre les informations qui vous sont fournies et la façon dont elles s'appliquent à votre situation en particulier. Rappelez-vous que demander de l'aide n'est pas un signe de faiblesse. Il s'agit au contraire d'une preuve de courage et de force exceptionnels. Chaque mesure, que vous prendrez pour améliorer votre vie, vous prouve que vous accordez une réelle importance à votre bien-être et à celui de vos proches.

CHAPITRE 2

Comprenez vos inquiétudes et votre anxiété

L'ANXIÉTÉ EST-ELLE NÉCESSAIREMENT NÉFASTE ?

Tel que vous l'avez lu dans le premier chapitre, l'inquiétude est un problème courant. Nous nous faisons tous du souci à un moment ou l'autre de notre vie, surtout lorsque nous sommes confrontés à un problème grave que nous ne sommes pas certains de pouvoir résoudre. L'inquiétude devient un problème en soi lorsqu'elle fait constamment partie de votre vie ou lorsqu'elle cause de la souffrance au lieu d'apporter une réponse. Mais qu'en est-il de l'anxiété, cette sensation que vous éprouvez lorsque votre esprit perçoit l'éventualité d'une menace ? Est-elle obligatoirement néfaste pour vous ?

Aussi étrange que cela puisse paraître, ressentir une certaine anxiété au moment approprié peut être très utile. Dans les situations où vous devez être performante, une petite dose d'anxiété peut aiguiser vos pensées et vous mettre sur le qui-vive. Imaginez combien il serait étrange de ne pas ressentir un minimum d'excitation et d'éveil émotionnel lors d'un entretien d'embauche ou d'un premier rendez-vous amoureux ! Essayez de vous rappeler une situation dans laquelle il vous a été utile de ressentir une certaine anxiété. L'anxiété devient un obstacle lorsqu'elle est trop présente, c'est-à-dire lorsque votre attention est détournée par des pensées et des sentiments anxieux et que votre confiance en est affectée. Ce sont ces effets secondaires qui vous empêchent de jouir de vos capacités de façon maximale.

Il est important de réaliser que l'anxiété n'est pas néfaste en elle-même. Plutôt, il s'agit d'une réaction naturelle à l'anticipation d'un danger par votre esprit. Étant donné que le rôle de l'anxiété est de vous prévenir d'un danger, vous pourriez penser que quelque chose ne va pas chaque fois que vous êtes anxieuse. Bien qu'il puisse vous arriver de vous retrouver réellement dans des situations dangereuses, la plupart du temps, votre esprit se méprend lorsqu'il perçoit un danger. Il arrive souvent que la menace ait peu de chances de se produire ou qu'elle soit en réalité inexistante. Dans de telles situations, vous avez supposé que votre anxiété révélait un réel danger, même si celui-ci n'existe, en fait, que dans votre esprit.

QUELLE EST L'ORIGINE DE L'ANXIÉTÉ ?

Comment savoir si vous souffrez d'anxiété ? Il est possible que vous ressentiez vaguement l'imminence d'une catastrophe inévitable ou que vous commenciez à être submergée par une sensation de mal-être. L'anxiété est constituée de plusieurs composantes qui s'imbriquent entre elles pour créer l'ensemble de ce que vous ressentez. Ainsi, la première étape pour comprendre votre anxiété consistera à déterminer ses composantes et à les étudier avec attention. Dès l'instant où vous commencez à vous inquiéter, un phénomène d' « effet cascade » se produit dans l'ensemble de votre esprit et de votre corps. Ces réactions se nourrissent entre elles, souvent de façon automatique et inconsciente. Les quatre composantes principales de l'anxiété sont les pensées, les sentiments subjectifs, les sensations physiques et le comportement.

LES PENSÉES

Vos pensées sont les propos que vous tenez dans votre esprit. L'inquiétude peut se révéler sous forme d'images mentales, mais le plus souvent elle est constituée de pensées verbales par lesquelles vous vous parlez à vous-même. Notre esprit est en permanence occupé par toutes sortes de dialogues et de commentaires, mais la plupart du temps nous n'en avons pas conscience. Lorsque vos pensées surgissent de façon automatique et inconsciente, elles ont le pouvoir d'influencer votre ressenti. Ce que vous vous dites à vous-même peut vous faire ressentir du bonheur, de la fierté, de la déprime, de l'anxiété et bien d'autres sentiments. En prenant conscience de vos pensées, vous prendrez la distance nécessaire pour envisager vos pensées anxieuses sous un autre angle.

Lorsque vous vous inquiétez, vous vous questionnez probablement sur votre avenir, par exemple sur ce qui pourrait arriver et sur votre façon d'agir si tel événement se produisait. Ainsi, l'inquiétude peut induire, chez vous, des prédictions ou des attentes face à vous-même et à votre avenir. Vous pouvez, par exemple, penser que vous ne pourrez pas supporter qu'une situation ait un dénouement particulier. À l'inverse, l'inquiétude peut aussi émaner d'une volonté d'interpréter des événements passés, par exemple le fait de supposer que votre amie ne vous rappelle pas parce qu'elle est en colère contre vous. L'inquiétude est la forme habituelle de pensée anxieuse et elle est souvent à l'origine de l'anxiété. Cependant, les pensées anxieuses peuvent aussi survenir en réaction à des sentiments, à des sensations physiques ou à un comportement anxieux. Par exemple, si votre cœur bat la chamade, vous supposerez probablement que quelque chose ne va pas.

EXERCICE DE CONSCIENTISATION Nº 4

Observez vos pensées

Au cours des prochains jours, mettez-vous à l'écoute de votre dialogue intérieur. Notez quels types de pensées traversent votre esprit et quelles circonstances les déclenchent.

1. Quelles pensées traversent votre esprit lorsque vous êtes anxieuse ? Même si vous avez déjà conscience de vos inquiétudes et que cela vous perturbe, examinez vos pensées avec attention et déterminez avec précision ce que vous vous dites en vous-même lorsque vous vous inquiétez.

2. En quoi ces pensées influencent-elles d'autres composantes de votre anxiété, notamment vos sentiments, vos sensations physiques et votre comportement ?

3. Comparez les pensées qui traversent votre esprit lorsque vous êtes anxieuse à celles qui surgissent dans d'autres circonstances, par exemple les moments où vous vous sentez calme, heureuse ou en colère.

SENTIMENTS SUBJECTIFS

Vos sentiments sont très subjectifs. Ils révèlent votre expérience intérieure unique, relativement à vos pensées, à vos sensations et à vos comportements. Les pensées anxieuses et les sensations physiques liées à l'anxiété peuvent entraîner un inconfort, mais aussi la sensation d'une catastrophe imminente. L'irritabilité et le découragement font également partie des sensations liées à l'inquiétude. Les sentiments anxieux sont sans aucun doute le résultat de pensées anxieuses et d'inquiétudes, mais si vous êtes déjà en proie à ce genre de sentiments, vous êtes davantage sujette aux schémas de pensée anxieuse que si vous étiez de nature calme et détendue.

SENSATIONS PHYSIQUES

Lorsque vous êtes anxieuse, votre corps est parcouru de sensations qui sont des réactions physiologiques. Chez certaines personnes, les signes physiques d'anxiété sont intenses, alors que chez d'autres, ils sont pratiquement inexistants. Nous avons un contrôle sur une partie des sensations physiques que nous ressentons en présence d'anxiété, même si celles-ci apparaissent sans que nous en ayons conscience. La tension musculaire, par exemple le fait de contracter la mâchoire, de serrer les poings ou de plisser le front, fait partie de ces signes physiques. Et le fait d'éprouver de la difficulté à respirer constitue un autre symptôme courant de l'état d'inquiétude.

D'autres sensations liées à l'anxiété sont hors de votre contrôle direct, par exemple l'accélération du rythme cardiaque, les problèmes digestifs, les tremblements, la transpiration, le rougissement et l'augmentation de la température corporelle. Ces symptômes d'anxiété plus sérieux ont tendance à survenir à l'approche d'une situation précise, telle que le fait de devoir faire un discours. Mais ils peuvent également provenir d'une grande inquiétude, étant donné que votre pensée vous donne l'illusion de l'imminence d'un événement redouté.

EXERCICE DE CONSCIENTISATION Nº 5

Observez vos sensations et vos sentiments anxieux

Repérez quels sentiments et quelles sensations physiques vous ressentez lorsque vous êtes anxieuse et inquiète.

1. Quelles sensations physiques ressentez-vous lorsque vous vous inquiétez ?

2. Vos sentiments sont-ils les mêmes chaque fois ou dépendent-ils de la situation ?

3. Vos sentiments et vos sensations évoluent-ils ou prennent-ils de l'ampleur à mesure que votre inquiétude s'installe ?

4. Observez à quel moment vos muscles se tendent. Quels sont ceux qui sont le plus touchés ?

5. En quoi, lorsque vous êtes anxieuse, votre respiration est-elle différente de celle des moments où vous êtes calme et détendue ?

6. À quel moment vos sensations sont-elles le plus intenses ? (accélération du rythme cardiaque ou rougissement, par exemple)

COMPORTEMENT

La composante *comportement* de l'inquiétude est la façon dont vous agissez lorsque vous êtes anxieuse. Toutes les choses que vous faites, ou ne faites pas, constituent votre comportement anxieux. Le comportement le plus souvent associé à l'anxiété et à l'inquiétude est l'évitement ou le retrait. L'anxiété suppose que vous appréhendez un événement indésirable ou menaçant. Une réaction naturelle consiste à fuir la menace ou à se soustraire de la situation problématique, ainsi qu'à éviter, à l'avenir, de vous retrouver dans une situation similaire.

Les personnes souffrant d'inquiétude chronique éprouvent des difficultés à déterminer avec précision les situations qu'elles évitent, parce que l'inquiétude peut être présente dans de nombreux cas de figure. Si vous êtes de nature inquiète, vous voudrez éviter les situations sociales, notamment le fait de participer à des événements où vous pourriez rencontrer de nouvelles personnes, le fait d'affronter une personne, de dire « non » ou de vous affirmer de toute autre façon, de dire ce que vous avez à l'esprit ou de regarder une personne dans les yeux. Vous préférerez également éviter les endroits liés à vos inquiétudes, par exemple ne pas passer par une rue parce que vous avez peur d'y avoir un accident. Les comportements d'évitement peuvent également se traduire par le refus d'une promotion ou d'un projet professionnel, ou encore en ne posant pas votre candidature pour le travail de vos rêves, par peur de l'échec.

Le fait d'éviter ouvertement certains endroits et certaines situations est la forme la plus évidente de comportement d'évitement. Mais il arrive également que les comportements d'évitement soient plus subtils. Chercher à être rassurée par son entourage relativement à ses inquiétudes, apporter une attention particulière aux choses qui vous inquiètent pour vous assurer que tout va bien et reporter vos pensées sur un autre sujet que celui qui vous inquiète pour éviter d'y faire face font partie des comportements d'évitement plus subtils. Les personnes souffrant d'inquiétude chronique peuvent aller jusqu'à éteindre la radio ou la télévision à chaque bulletin d'informations pour éviter d'entendre parler de catastrophes. Êtes-vous perfectionniste ? Si c'est le cas, il est possible que vous réexaminiez deux ou trois fois ce que vous avez fait, même si ce n'est pas important ou même s'il n'est pas nécessaire que vous fassiez preuve de précision. Les personnes qui s'inquiètent d'être ponctuelles partiront beaucoup trop tôt pour un rendez-vous, pour ne pas être en retard. Les personnes qui s'inquiètent d'être suffisamment productives au travail assumeront davantage de responsabilités que ce qu'elles en sont réellement capables. Une femme qui s'inquiète pour son mari l'appellera un nombre incalculable de fois au cours d'une même journée. Ce dernier exemple fait partie des comportements qui sont perçus comme étant opprimants et énervants, et ils causent la fuite des personnes que nous aimons. Ils sont considérés être des comportements d'évitement parce que, bien que nous les adoptions pour nous sentir en sécurité, ils nous empêchent, en réalité, de faire face aux peurs que cachent nos inquiétudes.

D'une manière générale, l'inquiétude peut également vous empêcher d'agir, car il arrive qu'elle ait un effet paralysant. Ce comportement s'apparente à celui d'un cerf qui resterait pétrifié par la lumière des phares de votre voiture. Mais, dans le cas de votre inquiétude, si vous n'agissez pas, c'est parce que la menace est trop vague ou d'un avenir trop lointain. Peut-être avez-vous peur qu'en agissant sur le coup de la peur, le résultat ne soit pas efficace ou satisfaisant. La procrastination est très courante chez les femmes inquiètes. Pourtant, le simple fait de remettre à plus tard favorise encore plus l'anxiété. Au lieu de vous donner du pouvoir en accomplissant ce que vous vous êtes fixé, vous perdez un peu plus de confiance en vous.

Tous ces comportements anxieux ont un point commun important : vous les adoptez lorsque vous vous sentez dépassée et que vous cherchez un soulagement temporaire. Mais ce soulagement vous coûte cher. Les comportements d'évitement renforcent vos pensées anxieuses et les rendent plus importantes et plus crédibles. Votre conviction intime que ces situations sont réellement menaçantes et impossibles à gérer sera d'autant plus forte. Au lieu de réaliser que vous pouvez gérer les situations pour lesquelles vous vous faites du souci en y faisant face, vous ressentirez de plus en plus d'inquiétude à leur égard. En outre, vous ne saurez jamais ce qui aurait pu arriver si vous aviez fait face à une situation précise, ce qui démontre que l'évitement peut vous donner la sensation de n'avoir aucun contrôle sur votre vie.

EXERCICE DE CONSCIENTISATION Nº 6

Observez vos comportements anxieux

Repensez aux moments où vous vous êtes sentie inquiète et anxieuse.

1. Quelles situations avez-vous évitées à cause de vos inquiétudes ?

2. S'il vous a été impossible d'éviter totalement une situation, quelles mesures avez-vous évité de prendre ? Par exemple, une femme qui s'inquiète d'avoir l'air stupide lors d'une soirée peut s'y rendre, mais éviter de discuter avec les gens.

3. Avec vos proches, vous arrive-t-il d'éviter d'exprimer ce que vous ressentez, de faire part de vos besoins ou d'avoir une conversation à cœur ouvert lorsque quelque chose vous préoccupe ?

4. En plus d'éviter certaines situations et actions, quels comportements d'évitement subtils adoptez-vous lorsque vous êtes inquiète ?

   • Recherchez-vous le réconfort auprès des autres afin de vous sentir mieux ?

   • Ressentez-vous le besoin de vérifier certaines choses ?

   • Appelez-vous constamment vos proches pour être certaine qu'ils ne leur est rien arrivé ?

LA SPIRALE D'INQUIÉTUDE : UNE RÉACTION EN ENTRAÎNE UNE AUTRE

Les quatre composantes de l'anxiété – les pensées, les sentiments, les sensations et le comportement – n'existent pas séparément puisqu'elles se nourrissent entre elles. Chaque pensée, sentiment, sensation ou comportement anxieux est une réaction immédiate à l'événement précédent. L'anxiété apparaît souvent de façon soudaine ou inattendue. Vous pouvez ne pas remarquer sa présence jusqu'à ce qu'elle prenne certaines proportions. Il s'agit donc d'un processus constitué d'une série de pensées, de sentiments, de sensations et de comportements. Chaque composante est une réaction immédiate et automatique à la précédente, ce qui permet à notre anxiété de s'« autoalimenter » rapidement. En d'autres mots, l'anxiété suppose une spirale d'interactions entre vos pensées, vos sentiments, vos sensations et votre comportement, et chacune de ces composantes peut faire avancer le processus.

Vous êtes-vous déjà sentie submergée par l'anxiété et l'inquiétude sans en connaître la raison ? Prenez l'exemple de Julia, assistante juridique de vingt-huit ans pour un important cabinet d'avocats à New York. Ses spirales d'inquiétudes étaient souvent déclenchées par la perspective d'une réunion au travail (pensée). Puis elle remarquait que ses mains devenaient moites, qu'elle respirait avec difficulté et que ses muscles se tendaient (sensations physiques). Elle ressentait ensuite rapidement de la détresse et de l'appréhension (sentiments subjectifs). Et elle finissait par se dire que quelque chose devait aller vraiment mal, et à se faire du souci en s'imaginant toutes les issues négatives possibles liées à une réunion (encore des pensées). Il pouvait parfois lui arriver de ne pas se rendre aux réunions (comportements) et de passer le reste de la journée à s'inquiéter du fait qu'elle s'inquiète trop (encore plus de pensées).

Ce processus d'anxiété peut commencer par n'importe laquelle des quatre composantes. Mais pour les personnes qui souffrent d'inquiétude chronique, il commence souvent par des pensées anxieuses. L'inquiétude peut être déclenchée par un élément de votre environnement immédiat. Elle peut également survenir sans qu'il y ait de facteur déclencheur.

Dans un cas comme dans l'autre, dès que vous commencez à vous inquiéter, un cercle vicieux est mis en route, et chaque réaction en produit une autre. Une simple pensée peut entraîner des sentiments, des sensations, un comportement anxieux et même d'autres pensées. Ces spirales d'inquiétude surviennent très rapidement, bien avant que vous ne réalisiez ce qui vous arrive. Au lieu d'être consciente de chaque événement de façon distincte, vous ne remarquez que l'inconfort général que vous ressentez. Cela est dû au fait que ces suites de réactions sont devenues automatiques, tel qu'il s'agit pour les actions et les mouvements accompagnant la conduite d'une voiture. Vos propres spirales d'inquiétude se sont répétées plusieurs fois avant de se transformer en habitudes inconscientes. Chaque fois qu'une spirale d'inquiétude apparaît, la suite de pensées, de sentiments, de sensations et de comportements qui l'accompagne est enregistrée dans votre mémoire et se transforme en habitude un peu plus ancrée en vous.

REPÉREZ VOS SPIRALES D'INQUIÉTUDE

Vous avez déjà repéré les composantes individuelles de vos spirales d'inquiétude en effectuant les exercices précédents. Mais il peut être difficile de déterminer de quelle manière chacune interagit avec les autres lors d'anxiété intense. La prochaine étape de la compréhension de votre inquiétude et de votre anxiété est la découverte de vos propres schémas de pensées, de sentiments, de sensations et de comportements.

Une façon de commencer le processus consiste à revenir sur les composantes individuelles que vous avez repérées. Comment reliez-vous certaines pensées anxieuses à certains sentiments, sensations et comportements ? Comment certains sentiments et certaines sensations entraînent-ils d'autres pensées et comportements ? Comment vous sentez-vous et que pensez-vous après avoir adopté un comportement anxieux ? Une fois que vous parviendrez à faire le lien entre ces éléments, vous commencerez à comprendre la manière dont vos propres réactions en chaîne entretiennent votre anxiété.

Une autre approche consiste à rester sur le qui-vive à l'égard de vos prochaines inquiétudes. La prochaine fois que vous constaterez que vous vous inquiétez, essayez de déterminer comment vous en êtes arrivée là. Repérez les pensées, les sentiments et les sensations que vous venez de vivre. Essayez de vous remémorer le fil des événements. Quand vous êtes-vous sentie calme et détendue pour la dernière fois ? Que s'est-il passé après ? Votre spirale a-t-elle débuté par une pensée anxieuse ? Avez-vous réagi à un événement qui venait juste de se produire ? Avez-vous vu ou entendu quelque chose qui vous aurait rappelé votre inquiétude, ou votre inquiétude vous est-elle venue à l'esprit sans raison apparente ? Une fois que vous avez commencé à vous inquiéter, quels sentiments et quelles sensations ont surgi ? Que vous êtes-vous dit, en vous-même, en réaction à ces sentiments et les sensations ? Avez-vous modifié votre comportement de quelque façon que ce soit, en vérifiant quelque chose, en cherchant à être rassurée ou en évitant de faire quoi que ce soit ? Si tel est le cas, la modification de votre comportement a-t-elle provoqué des pensées, des sentiments ou des sensations ? Ces questions vous aideront à découvrir la suite d'événements qui constitue votre propre spirale d'inquiétude.

EXERCICE DE CONSCIENTISATION Nº 7

Retracez vos spirales d'inquiétude

Choisissez une situation récente au cours de laquelle vous avez ressenti de l'inquiétude et de l'anxiété et dont vous vous souvenez clairement.

1. Prenez un moment pour revivre la situation dans votre esprit, en fermant les yeux si cela vous aide.

   • Dans quelles circonstances la situation s'est-elle produite ? Commencez par la dernière chose dont vous vous souvenez.

   • Comment vous sentiez-vous sur le plan émotionnel ?

   • Quelles sensations corporelles avez-vous éprouvées ?

   • Quelles pensées ont traversé votre esprit ?

   • Quels comportements aviez-vous adoptés ?

2. Lorsque vous commencez à repérer chaque réaction distincte, repérez en vous le fil des événements et essayez de vous rappeler ce qui se passait dans votre corps et dans votre esprit juste avant. Suivez la trace de vos réactions en revenant au début, au moment où vous ne ressentiez pas encore d'anxiété. Quel est le déclencheur de cette spirale selon vous ? Lorsque vous aurez repéré votre spirale d'inquiétude, notez sur un morceau de papier la suite de réactions qui la constitue.

3. Recommencez cet exercice à propos d'un autre événement et utilisez un autre morceau de papier pour noter la suite de pensées, de sentiments, de sensations et de comportements.

4. Comparez les deux exemples. Arrivez-vous à trouver des similitudes ou à déterminer des schémas à vos réactions ? Les deux exemples comportent-ils les mêmes pensées ? Il pourrait être intéressant que vous recommenciez l'exercice concernant plusieurs exemples pour découvrir des spirales ou des schémas. En quoi votre réaction habituelle aux premiers signes d'inquiétude et d'anxiété encourage-t-elle votre spirale à se développer ?

Les efforts que vous investissez dans cet exercice seront récompensés lorsque vous mettrez en pratique les stratégies présentées dans le reste du livre. Plus vous serez consciente de vos spirales d'inquiétude, plus vous serez capable de modifier leur évolution et de tenter de réagir d'une façon différente.

STRATÉGIES PRÉCISES POUR SURMONTER VOS PEURS ET VOS INQUIÉTUDES

CHAPITRE 3

Repérez les facteurs déclencheurs

POURQUOI EST-IL IMPORTANT DE SE SURVEILLER ?

Peut-être avez-vous réussi à vous mettre à l'écoute des pensées, des sentiments, des sensations et des comportements qui constituent votre spirale d'inquiétude. À moins que vous n'ayez essayé de mettre en pratique quelques-uns des exercices de conscientisation et n'en ayez retiré que du découragement. Surveiller votre degré d'inquiétude et d'anxiété peut s'avérer difficile, puisque, jusqu'à maintenant, vous vous êtes sans doute efforcée de ne pas y penser. Si vous considérez que l'inquiétude est déjà, en elle-même, une perte de temps et d'énergie, le fait de la surveiller et donc de lui accorder plus d'attention vous semblera tout à fait absurde. Mais prenez le temps de vous demander, en toute honnêteté, si vous êtes vraiment parvenue à faire abstraction de votre inquiétude. Avez-vous remarqué que plus vous essayez de ne pas penser à quelque chose qui vous inquiète, plus votre esprit s'évertue à ramener votre attention au problème ?

Les êtres humains ne sont pas très forts lorsqu'il est question de faire taire leurs pensées ou d'éviter de penser à un sujet en particulier. De nombreuses recherches démontrent que les efforts que nous déployons dans ces moments-là provoquent souvent un retour de flamme, et les pensées qu'on tente de supprimer reviennent envahir notre cerveau dès l'instant où nous baissons la garde (Wegner, 1989). Lorsque vous dépensez de l'énergie mentale à essayer de ne pas vous inquiéter, vous créez un paradoxe dans votre esprit, car celui-ci doit analyser vos pensées pour y repérer celle qui contient l'inquiétude, et ce, afin de s'en débarrasser. De plus, vous envoyez le message selon lequel certaines pensées sont dangereuses et ne devraient donc pas être examinées. Il est temps de vous pencher sur l'approche inverse : cherchez activement les déclencheurs de vos inquiétudes, observez-les avec un regard nouveau et objectif, et réagissez aux pensées, aux sentiments et aux sensations d'inquiétude en faisant un choix conscient, dans un but précis.

Il est essentiel que vous surveilliez vos spirales d'inquiétude, car vous devez, avant tout, prendre conscience des réactions automatiques et des conditionnements qui se sont installés en vous au fil des années. Il est très facile de se laisser emporter par l'inquiétude dès qu'elle apparaît ; vous vous sentez rapidement impuissante, comme si vous étiez victime de votre mental. Vous surveiller est la première chose à faire si vous voulez renverser ce processus, car vous pourrez ainsi prendre la responsabilité de vos réactions. Ce comportement envoie le message que vous êtes en mesure d'affronter immédiatement vos peurs, au lieu de les contourner.

Mais surveiller ses spirales d'inquiétude est plus facile à dire qu'à faire. De nombreuses femmes éprouvent beaucoup de difficulté à franchir cette première étape, puisque, la plupart du temps, il ne leur est pas facile de repérer les légères variations de leur état d'anxiété lorsqu'elles se sentent déjà anxieuses et inquiètes. Ne vous découragez pas si vous réalisez qu'il vous faut beaucoup de patience et de pratique pour y parvenir. Mettez en pratique les exercices proposés à la section suivante afin de surveiller vos inquiétudes de façon régulière. Vous y apprendrez comment créer des « signaux de reconnaissance » qui vous permettront de vérifier avec régularité où vous en êtes lorsque vous commencerez à adopter de nouvelles habitudes.

COMMENT EXAMINER AVEC OBJECTIVITÉ LE PROCESSUS D'INQUIÉTUDE ?

Avant de commencer les exercices visant à surveiller vos pensées, vous devez avoir à l'esprit deux points essentiels si vous voulez qu'ils s'avèrent efficaces. Premièrement, la surveillance doit être effectuée sur le moment si vous voulez saisir tout ce qui se passe momentanément. Il est tentant de retourner dans le passé pour essayer de nous remémorer comment nous nous sentions hier ou la semaine dernière, mais notre mémoire rétrospective est souvent déformée par le temps. Et il en va de même de nos émotions, si bien qu'elles ne sont pas toujours fiables. Pour vraiment comprendre vos spirales d'inquiétude, observez distinctement chaque cas de figure dès que vous le repérez. Une surveillance immédiate vous préparera à mettre en pratique les stratégies d'adaptation décrites au prochain chapitre, au moment où vous en aurez le plus besoin.

Ensuite, observez avec objectivité les facteurs déclenchant vos inquiétudes ainsi que les réactions qui en émanent. Au lieu de vous enfermer dans votre subjectivité, essayez de vous poser en observatrice objective de chaque pensée, sentiment, sensation et comportement, comme si vous les voyiez pour la première fois. Peu importe ce qui se passe en vous à ce moment-là, examinez ce que vous vivez comme le ferait un scientifique curieux de comprendre un mode de fonctionnement. Au lieu de juger votre anxiété et votre inquiétude comme étant néfastes ou de vous dévaloriser à cause de ce que vous ressentez, prenez un peu de distance par rapport à vous-même. L'objectif de la surveillance est de révéler l'évolution de vos réactions par rapport à ce qui se passe en vous et autour de vous. Une bonne façon d'y parvenir consiste à décrire cette expérience le plus concrètement possible, comme le ferait un chimiste pour démontrer comment les produits réagissent entre eux au cours d'une expérience en laboratoire.

EXERCICE DE SURVEILLANCE N° 1

Évaluez votre anxiété

1. Prenez un carnet et un crayon ou un stylo. Dessinez une ligne horizontale sur la largeur de la première page et inscrivez 0 sur l'extrémité gauche, et 100 sur l'extrémité droite de la ligne. Au milieu de la ligne, tirez un trait et inscrivez 50 en dessous. Vous devriez obtenir ceci :

   ```
   ├──────────────┼──────────────┤
   0             50            100
   ```

   Vous utiliserez cette échelle simple pour surveiller votre degré d'anxiété tout au long de ce programme de crois-sance personnelle. Essayez-le sans attendre. Posez-vous la question suivante : si 100 est le niveau d'anxiété le plus élevé qui soit et 0 un état de détente totale, où est-ce que je me situe à cet instant précis ? Il n'y a évidemment pas de « bonne » réponse à cette question, mais il vous faut inscrire le nombre qui correspond le mieux à votre degré d'anxiété actuel. Évaluez votre anxiété à l'aide d'un nom-bre, de la même façon que votre thermostat indique la température d'une pièce. Il s'agit, ici, de la première étape du processus d'observation objective de votre anxiété et de vos inquiétudes.

2. Une fois que vous aurez déterminé un nombre entre 0 et 100 et que vous l'aurez inscrit, demandez-vous pourquoi vous l'avez choisi. Essayez de comprendre comment vous en êtes arrivée à cette conclusion. En dessous du nombre

que vous avez choisi, notez toutes les pensées qui vous sont venues à l'esprit lors de ce processus. Sur la ligne suivante, énumérez vos sentiments subjectifs. Puis, sur la ligne du dessous, notez toutes les sensations corporelles que vous avez éprouvées. Enfin, énumérez tous les comportements que vous avez adoptés ou les mouvements que vous avez faits ou ressenti le besoin de faire. Assurez-vous de ne rien oublier de cette expérience. Voici quelques questions que vous pourriez vous poser :

- Qu'étiez-vous en train de penser à l'instant même où vous avez choisi ce nombre ?

- Aviez-vous des doutes quant à la possibilité que ce livre vous aide ou quant à votre capacité à l'utiliser de façon efficace ?

- Quels sentiments subjectifs avez-vous remarqués ? Par exemple, vous sentiez-vous impuissante, désespérée, découragée, pleine d'espoir ou excitée ?

- Certains de vos muscles sont-ils tendus ?

- Comment êtes-vous assise et comment respirez-vous ?

- Êtes-vous agitée ou parcourue de mouvements liés au stress ?

Ne vous forcez pas à décider ce que vous devez noter ou pas. Contentez-vous d'inscrire tout ce que vous remarquez, le plus simplement possible.

3. Utilisez le reste de votre cahier comme un agenda qui vous permettra de surveiller votre degré d'anxiété plusieurs fois par jour, *chaque jour*. Vous pouvez, par exemple, utiliser une page de votre carnet pour une journée. Chacune des entrées que vous rédigez doit débuter par l'heure qu'il est et contenir une description

rapide de votre situation ; par exemple, « Je suis assise à mon bureau, au travail » ou encore « Je viens juste de raccrocher le téléphone après avoir discuté avec Marie ». Vous devrez ensuite inscrire un nombre entre 0 et 100 qui devra être représentatif de votre degré d'anxiété actuel, puis décrire les pensées, les sentiments, les sensations et les comportements qui vous viennent à l'esprit, pour justifier l'évaluation que vous avez faite de votre état, de la même façon que pour les étapes précédentes. Pensez à prendre le temps de remplir votre agenda au fur et à mesure et n'attendez pas la fin de la journée pour le faire. Ne cédez pas à la tentation de sauter cette étape ! Noter ces renseignements par écrit vous aidera à surveiller objectivement votre état. Vous pourrez ainsi consulter votre agenda pour constater vos progrès, voir si vous avez tendance à reproduire certains schémas et comprendre ce qui pourrait déclencher vos inquiétudes. Si vous voulez vous investir un peu plus afin d'obtenir de meilleurs résultats, vous pouvez surveiller votre anxiété en l'évaluant mentalement, en plus des quatre à cinq évaluations que vous noterez (par écrit) chaque jour.

Établissez un horaire de surveillance

La clé du succès est de trouver un moyen de vous rappeler d'évaluer votre état plusieurs fois dans la journée. Une des stratégies que vous pouvez appliquer à cet égard consiste à décider à l'avance d'un moment où vous procéderez à cette évaluation, en l'intégrant à vos habitudes quotidiennes. Vous pouvez décider d'inscrire votre première note de la journée lorsque vous vous levez le matin, la deuxième au moment du repas du midi, la troisième à votre retour du travail et la quatrième après le repas du soir. Certaines personnes préfèrent prendre des notes au début de chaque heure, mais vous pouvez aussi décider qu'un événement se produisant plusieurs fois au cours d'une journée – par exemple, chaque fois que vous passez à une tâche différente au travail, que vous quittez la maison pour faire une course ou que vous vous arrêtez à un feu rouge en voiture – sera le moment que vous consacrerez à votre évaluation. Ces événements de courte durée peuvent vous rappeler de prendre un peu de distance pour évaluer votre anxiété, et passer objectivement en revue vos pensées, vos sentiments, vos sensations et vos comportements. Le simple fait de laisser le téléphone sonner une fois de plus peut vous donner un petit moment pour effectuer votre examen. Bien sûr, certaines de ces propositions (lorsque vous conduisez, par exemple) ne sont pas adaptées à une évaluation par écrit. Mais le but est d'installer l'habitude de surveiller le plus souvent possible votre état, en prenant soin d'inscrire, chaque jour, au moins quatre entrées dans votre agenda.

Vous trouverez ci-après un exemple de note provenant de l'agenda de Linda, qui était atteinte d'inquiétude chronique liée au stress intense occasionné par son travail. Linda avait choisi de rédiger une de ses notes au moment de sa pause quotidienne de 9h45.

REPÉREZ VOS SPIRALES D'INQUIÉTUDE DE PLUS EN PLUS TÔT

Maintenant que vous avez commencé à surveiller votre degré d'anxiété et à prendre conscience des composantes de chacune de vos expériences, la prochaine étape consiste à suivre la piste qui vous fera remonter le fil de votre mémoire des événements. Dans certains cas, vous pourriez même découvrir l'origine de la spirale d'inquiétude en repérant le facteur qui l'a déclenchée. Les spirales d'inquiétude sont un peu comme des boules de neige qui dévalent une montagne : elles prennent de l'ampleur et grossissent de plus en plus rapidement. Par conséquent, plus tôt vous repérez une spirale

Mardi 5 décembre
9h45

Je suis assise à mon bureau. Mon patron vient de me demander de lui remettre le projet sur lequel je n'ai pas fini de travailler.

Degré d'anxiété : 40

Pensées : Comment vais-je réussir à terminer ce projet avant le lunch ? Pourquoi mon patron me laisse-t-il si peu de temps ? Je déteste ce travail.

Sentiments subjectifs : Découragée et énervée – et encore triste à cause du rêve que j'ai fait cette nuit.

Sensations physiques : Mes épaules sont tendues et douloureuses, j'ai des papillons et des nœuds dans l'estomac et je me sens oppressée dans la région de la poitrine.

Comportements : Je ronge mes ongles, je tapote mon stylo sur mon bureau et je ressens le besoin pressant d'aller me cacher quelques minutes dans la salle de bain.

d'inquiétude, moins celle-ci aura de pouvoir sur vous. Il vous sera alors plus facile de changer de cap en essayant d'adopter une nouvelle façon de réagir, qui sera mieux adaptée à interrompre le processus d'inquiétude avec efficacité. Utilisez le prochain exercice de surveillance qui vous est proposé pour repérer, de plus en plus tôt, les signes révélateurs d'une spirale d'inquiétude. En retraçant la suite des événements précis que vous avez vécus, vous pourriez découvrir ce qui a déclenché cette spirale.

EXERCICE DE SURVEILLANCE N° 2

Examinez les épisodes d'anxiété

1. Au cours de la semaine qui vient, guettez le moment où vous déterminerez que votre degré d'anxiété est supérieur à 50, en inscrivant vos commentaires dans votre agenda. Ce nombre indique que vous ressentez un degré d'anxiété de *modéré* à *intense*. Si un tel cas de figure se produit, prenez soin de noter la situation dans laquelle vous vous trouvez, ainsi que les pensées, les sentiments, les sensations et les comportements qui s'y rattachent.

2. Une fois que vous aurez rédigé votre note comme vous le faites habituellement, prenez une feuille de papier et posez-la en face de vous à l'horizontale, de façon à ce que la partie de gauche à droite de la feuille soit plus longue que de haut en bas. Vers l'extrémité droite de la feuille, inscrivez la pensée, le sentiment, la sensation et le comportement qui sont apparus immédiatement avant l'évaluation de votre anxiété. Si plusieurs d'entre eux vous viennent à l'esprit, notez-les.

3. Dessinez maintenant à gauche de votre réponse une petite flèche pointant vers la droite. Interrogez-vous sur ce qui se passait juste avant. Une pensée précise a peut-être traversé votre esprit et déclenché une tension musculaire ou un resserrement de la mâchoire. Inscrivez votre réponse à cette question à gauche de la flèche. Vous avez probablement saisi l'intérêt de cet exercice. Dessinez une autre flèche à gauche de votre réponse et pointant vers la droite, et interrogez-vous une fois de plus sur ce qui s'est passé juste avant. Continuez à retracer votre spirale d'inquiétude pour remonter le plus

possible dans le passé. Vous pourriez même vous rendre compte que vous vous sentiez calme et détendue juste avant que quelqu'un vous fasse une réflexion ou vous regarde d'une façon particulière. Ou peut-être que tout a commencé lorsque l'image d'une catastrophe a surgi dans votre esprit. Essayez d'ajouter cet exercice à l'exercice quotidien de surveillance mentionné précédemment, en l'effectuant une fois par jour ou au moins à chaque fois que vous déterminerez que votre degré d'anxiété est supérieur à 50.

Supposons que, dans la note d'agenda présentée précédemment, Linda ait évalué son degré d'anxiété à 50 au lieu de 40. L'exercice que je viens de vous proposer ressemblerait à ceci :

J'ai pensé « Comment vais-je terminer ça avant le lunch ? ».	Mon patron m'a demandé de lui remettre le projet.	J'ai pensé « Pourquoi me laisse-t-il toujours si peu de temps ? ».	Je me suis sentie découragée, énervée et j'avais l'estomac noué.	J'ai pensé « Je déteste mon travail ».	Je me ronge les ongles et je tapote mon stylo contre mon bureau.

Abandonnez vos vieilles habitudes

Une fois que vous débutez ces exercices de surveillance, vous êtes en bonne voie d'abandonner les vieilles habitudes qui vous incitaient à réagir aux facteurs déclencheurs, d'une façon qui favorise l'anxiété. Vous avez peut-être déjà remarqué que toutes vos spirales d'inquiétude sont plus ou moins constituées de la même suite de réactions. Vous avez répété ces mêmes réactions de nombreuses fois, si bien qu'elles sont ancrées dans votre mémoire. Or, il n'est pas aisé de modifier des réactions solidement installées parce qu'elles sont facilement activées. Pas étonnant qu'elles semblent surgir de façon automatique et sans aucun effort.

D'autre part, aller vers la nouveauté exige beaucoup d'efforts et n'a certainement rien d'automatique. Pour cette raison, il vous sera probablement difficile, dans un premier temps, d'effectuer les exercices liés aux stratégies d'adaptation qui vous sont exposés dans les prochains chapitres. La bonne nouvelle est qu'avec un peu d'entraînement, vous y arriverez, étant donné que l'effet de répétition vous permettra de créer une nouvelle suite de réactions que votre mémoire enregistrera. En d'autres mots, vos nouvelles réactions d'adaptation deviendront de nouvelles habitudes. Non seulement vos anciennes habitudes perdront de l'ampleur parce qu'elles ne seront plus autant sollicitées, mais, en outre, les nouvelles se déclencheront plus rapidement. Les facteurs qui provoquent vos inquiétudes prendront une tout autre signification. Lorsque vous remarquerez qu'une inquiétude traverse votre esprit, que vos muscles sont tendus ou que votre estomac est noué, vous ne penserez plus que ces symptômes sont les signes avant-coureurs d'une catastrophe. Au lieu de cela, ils vous apparaîtront comme étant des occasions de pratiquer une de vos nouvelles stratégies d'adaptation.

QUATRE STRATÉGIES DE BASE POUR INSTAURER DE NOUVELLES HABITUDES

Vous ne pouvez pas modifier des habitudes de réaction en décidant simplement d'arrêter d'agir d'une certaine façon. Il vous faut trouver des habitudes nouvelles et différentes pour remplacer les anciennes. Quelles sont donc ces nouvelles réactions d'adaptation que vous pouvez vous entraîner à adopter ? Chacun des quatre prochains chapitres vous révélera une réaction d'adaptation qui vise au moins une des quatre composantes de l'anxiété. Le mieux est d'apprendre toutes ces stratégies si vous voulez disposer d'une marge de manœuvre plus importante lorsque vous repérerez une spirale d'inquiétude. Il se peut que la stratégie consistant à adopter un point de vue différent vous semble plus efficace dans certaines situations, tandis que celle qui se fonde sur la détente du corps et de l'esprit vous paraîtra plus appropriée à d'autres circonstances. Pratiquez chaque stratégie consciencieusement pendant au moins une semaine ou deux avant de décider laquelle vous convient le mieux. Il vous faudra un certain temps avant de les maîtriser totalement ; ne soyez donc pas surprise si elles ne vous semblent pas naturelles et si les résultats se font un peu attendre. Lorsqu'ils font preuve d'un peu de persévérance, la plupart des gens sont agréablement surpris de la rapidité avec laquelle ils arrivent à mettre fin à leurs spirales d'inquiétude.

METTEZ VOS INQUIÉTUDES EN PERSPECTIVE

La première stratégie s'attaque aux pensées anxieuses et aux inquiétudes en les mettant en perspective. Dans le chapitre 4, vous apprendrez comment considérer vos pensées comme étant des jugements, des interprétations ou des prévisions, plutôt que de les envisager en tant que des *faits* devant être réels. Vous pourrez ainsi les examiner et observer une seule et même situation sous plusieurs angles différents. Vous vous apercevrez que vous pouvez porter de multiples regards sur vous-même et sur le monde qui vous entoure et que vous avez la possibilité de choisir comment vous décidez de réagir à vos pensées.

Faites face à ce qui vous fait peur

La deuxième stratégie vise notre tendance à éviter les choses qui nous font peur. Dans le chapitre 5, vous apprendrez comment faire face aux situations, aux émotions et aux gens liés à vos inquiétudes. Une personne inquiète pensera en permanence à ce qui lui fait peur, mais son esprit se contentera de tourner autour du problème, comme s'il cherchait à se protéger pour ne pas l'affronter directement. Elle tombera alors dans un cercle vicieux et se sentira de plus en plus anxieuse, impuissante et découragée, et elle aura le terrible pressentiment de l'imminence d'une catastrophe. Mais ces sentiments sont en fait secondaires, et ils sont déclenchés par d'autres réactions qui apparaissent au cours de la spirale d'inquiétude. Les émotions inhérentes à la plupart des êtres humains se perdent au cours de ce processus. Le chapitre 5 vous aidera à repérer les éléments, même les plus subtils, que vous avez tendance à éviter, et il vous montrera comment les affronter de façon raisonnable et progressive. Vous apprendrez que vous pouvez appréhender n'importe quelle situation sans céder au besoin pressant de l'éviter ou de fuir. Vous constaterez que vous êtes capable de supporter toutes les émotions qui pourraient surgir lors du processus, quel que soit votre état de vulnérabilité.

Détendez-vous

Les stratégies présentées au chapitre 6 traitent des sensations corporelles de l'anxiété en proposant des techniques de relaxation. Bien que la plupart de ces techniques soient censées être efficaces parce qu'elles influencent directement l'aspect physiologique, le corps et l'esprit ne sont jamais vraiment indépendants l'un de l'autre. Le chapitre 6 vous présentera également des façons de calmer votre esprit et de créer une sensation de paix et de détente.

Vivez dans le présent

La dernière stratégie, qui est présentée au chapitre 7, s'attaque à notre tendance à nous éloigner du présent pour anticiper l'avenir ou ressasser le passé. Au lieu de réagir à des situations qui ne sont pas encore survenues ou à des interprétations du passé, il vous est possible de vivre le moment présent et de profiter pleinement de tout ce que la vie peut vous offrir. Vous apprendrez comment ramener votre esprit au moment présent et vous vous entraînerez à porter sur vous-même et sur votre environnement un regard empreint d'acceptation, de compassion et dénué de jugement, sans entretenir d'attentes particulières.

EFFICACITÉ PROUVÉE DE CETTE APPROCHE DE L'INQUIÉTUDE

Toutes les stratégies décrites dans cet ouvrage ont été testées dans le cadre de recherches psychologiques. De nombreuses femmes souffrant d'inquiétude chronique ou d'un trouble d'anxiété généralisée ont participé à ces études de recherche. Au cours de ces recherches, un thérapeute a présenté à un groupe de femmes et d'hommes un ensemble de stratégies pour gérer leurs inquiétudes. Nombreuses sont les personnes qui, grâce à un minimum d'entraînement, ont pu bénéficier d'améliorations importantes et durables de leur condition de vie (Borkovec et Ruscio, 2001 ; Gould *et al.*, 2004).

La plupart de ces études ont fait appel à la *thérapie comportementale et cognitive*. La *thérapie cognitive* ou *restructuration cognitive* en est une composante et elle consiste à mettre vos pensées en perspective. Vous en apprendrez plus sur cette méthode au chapitre 4. Une autre composante de la thérapie comportementale et cognitive suppose l'exposition aux situations qui sont source d'anxiété, et les exercices présentés au chapitre 5 permettront d'y travailler. Les techniques de relaxation présentées au chapitre 6 font elles aussi habituellement partie d'une thérapie comportementale et cognitive. L'approche comportementale et cognitive choisie dans le cadre de cet ouvrage se fonde en grande partie sur la thérapie de Tom Borkovec et de ses collègues de l'Université de l'État de Pennsylvanie (Borkovec *et al.*, 2002). Depuis vingt ans, ils effectuent des recherches sur l'efficacité de cette thérapie pour soulager les personnes inquiètes. Certaines des techniques comportementales et cognitives présentées dans ce livre sont également mises en lumière par les travaux de David Barlow, Michelle Craske ainsi que leurs collègues (Zinbarg, Craske et Barlow, 1993 ; Brown, O'Leary et Barlow, 1991). Si vous désirez en savoir plus sur les recherches portant sur la thérapie comportementale et cognitive, vous pouvez lire les exposés de synthèse portant sur chaque étude distincte (Borkovec et Ruscio, 2001 ; Gould *et al.*, 2004)*.

Pour finir, l'approche présentée au chapitre 7, qui consiste à se concentrer sur le moment présent, fait également partie du programme de thérapie comportementale et cognitive de l'État de Pennsylvanie mentionné précédemment. Des thérapies plus récentes se sont inspirées de cette idée pour développer des stratégies de *conscientisation* qui consistent à saisir le moment présent de façon très structurée et volontaire (Orsillo, Roemer et Barlow, 2003). En outre, une étude de recherche portant sur cette thérapie suggère que la mise en pratique de cette méthode de conscientisation peut à elle seule aider les personnes atteintes d'un trouble d'anxiété généralisée (Kabat-Zinn *et al.*, 1992).

---

* Ces documents existent uniquement en anglais. (N.d.T.)

CHAPITRE 4

Adoptez un nouveau point de vue

VOS PENSÉES NE SONT PAS DES FAITS

Vos inquiétudes sont faites de prévisions, d'attentes et de suppositions dissimulées qui portent sur vous-même, sur les autres et sur votre avenir. Dès qu'une inquiétude s'insinue dans notre esprit, nous cherchons immédiatement à nous préparer au pire. Nous réagissons alors comme si ce que nous redoutons devait forcément se produire. Notre esprit et notre corps passent ensuite à la vitesse supérieure, et la suite de réactions, qui constitue notre spirale d'inquiétude, commence à faire boule de neige. Si nous nous inquiétons comme nous le faisons habituellement, nous ne sommes pas en mesure de porter un regard lucide sur nous-mêmes et sur nos peurs. Nous sommes tellement occupés à réagir que nous sommes incapables d'observer nos pensées sous un autre angle et de les analyser dans leur intégralité. Au lieu de cela, nous finissons par être convaincus qu'une catastrophe va survenir et nous continuons donc à nous inquiéter pour nous y préparer.

L'objectif de ce chapitre est de vous aider à examiner vos inquiétudes avec objectivité, ce qui est totalement différent du simple fait de remplacer les pensées anxieuses par des pensées

« heureuses ». La vie n'est pas toujours rose et elle est parsemée d'événements tragiques. En réalité, personne ne traverse la vie sans son lot de souffrances. Mais pour beaucoup trop de femmes, l'inquiétude cause un type de souffrance complètement différent et véritablement inutile. Lorsque vous vous attendez toujours au pire et pensez que vous ne serez pas capable de faire face à une situation, vous passez à côté d'informations importantes sur vous-même et sur le monde qui vous entoure. Les exercices présentés dans ce chapitre vous aideront à examiner vos inquiétudes sous plusieurs angles différents plutôt que de les voir uniquement en noir et blanc.

L'inquiétude ou la sensation erronée de certitude

Lorsque nous sommes entraînés dans une spirale d'inquiétude, nous ne réalisons pas que la plupart des situations peuvent faire l'objet de plusieurs interprétations. La majorité de nos sujets d'inquiétude sont teintés d'ambiguïtés, et le futur fait toujours partie de l'inconnu puisqu'il ne s'est pas encore produit. L'incertitude peut être stimulante ; imaginez combien la vie serait ennuyeuse si tout était prévisible. Mais il arrive aussi qu'elle soit déstabilisante, et nous rêvons alors d'une boule de cristal qui nous révélerait comment les choses vont évoluer, pour avoir au moins une certitude.

Nombreuses sont les personnes pour lesquelles l'inquiétude est un moyen de faire face aux incertitudes de la vie. Bien que l'inquiétude procure des sensations fort désagréables et vous entraîne dans un cercle vicieux, elle peut également donner une impression erronée de certitude. Mais le furtif sentiment de sécurité que vous confère cette « certitude » est trop cher payé. Lorsque vous vous inquiétez, vous remplissez le vide en élaborant des interprétations ou en prévoyant des catastrophes. Il est possible que vous vous sentiez alors mieux préparée à affronter le pire et plus sûre de votre situation. Mais vous devenez également plus anxieuse et déprimée et vous perdez un peu de confiance en vous. En outre, plus les gens s'inquiètent, plus ils envisagent l'incertitude comme étant un problème (Dugas, Freeston et Ladouceur, 1997). Ce chapitre vous aidera à mettre vos inquiétudes en perspective, en explorant l'incertitude et l'ambiguïté qui vous entourent en permanence. Au lieu d'élaborer un seul scénario pour ressentir une plus grande certitude, vous pourrez prendre en considération toutes les possibilités et apprendre à envisager les choses sous des angles différents.

CONSIDÉREZ VOS PENSÉES COMME ÉTANT DES SUPPOSITIONS

Lorsque vous mettrez en pratique chacune des étapes décrites à la prochaine section, commencez toujours par vous rappeler que chacune de vos pensées n'est qu'une supposition relativement à la signification d'un événement ou à ce qui pourrait survenir. Nous essayons toutes de trouver un sens à ce qui nous entoure en élaborant des explications quant à ce qui vient de nous arriver ou sur les événements imminents. Mais nos inquiétudes ne sont souvent que des prévisions sur l'avenir. Il s'agit de suppositions que vous faites sur ce qui va se passer, sur la réaction de votre entourage et sur votre façon de faire face à la situation. Ces pensées sont aussi automatiques que des réflexes. Elles apparaissent dans votre esprit de façon tellement naturelle qu'elles sont involontaires, sauf si vous vous mettez consciemment à leur écoute. À moins que vous ne preniez conscience de vos pensées et les traitiez en tant que *suppositions* et non en tant que *faits*, votre esprit et votre corps continueront à réagir comme s'il s'agissait de la réalité. Vous pourriez prendre un peu de recul pour les remettre en question et les comparer à d'autres façons d'envisager la situation.

Sara : interpréter la situation

Prenons l'exemple de Sara, rédactrice en chef d'un journal, âgée de 30 ans et vivant à Chicago, qui avait invité à dîner une nouvelle amie du travail. Toutes les deux s'étaient entendues pour se retrouver au restaurant, mais lorsque Sara arriva sur place, son amie n'était pas là. Elle s'assit à une table en informant la serveuse qu'elle attendait une amie. Dix minutes plus tard, celle-ci n'était toujours pas arrivée. Sara décida alors de commander à boire et se demanda si son amie était seulement en retard ou si elle n'allait pas venir du tout. « Peut-être qu'il s'agit d'un malentendu, pensa Sara. Ou peut-être qu'elle n'a pas trouvé de place pour se garer, qu'elle est prise dans les embouteillages ou que son patron lui a demandé de travailler plus tard. »

Vingt minutes plus tard, Sara appela son amie sur son téléphone mobile, mais elle n'obtint aucune réponse et tomba sur son répondeur. Sara réalisa que son téléphone était resté éteint, mais qu'elle n'avait aucun message vocal. Elle repoussa alors toutes les explications simples qu'elle avait imaginées, puisqu'il était évident que son amie l'aurait appelée si elle avait eu ce genre de problème. Sara fit alors ce que font bien des gens : elle commença à interpréter la situation, en élaborant sa propre hypothèse pour s'expliquer l'absence de son amie. Celle-ci avait probablement décidé de ne pas venir et n'avait pas jugé nécessaire d'annuler, certainement parce qu'elle faisait semblant d'apprécier Sara lorsqu'elles étaient au travail. L'interprétation de Sara porta non seulement atteinte à sa confiance en elle, mais elle eut, en outre, la sensation d'être rejetée et humiliée. Après avoir attendu cinquante minutes sans recevoir d'appel sur son téléphone, elle finit par payer l'addition et partir. Convaincue que sa soi-disant amie lui avait posé un lapin, Sara passa le reste de la soirée et la plus grande partie de la journée suivante à s'inquiéter de la situation : « Pourquoi est-ce qu'elle ne m'aime pas ? », « Que va-t-il arriver si je continue à rencontrer des gens qui me rejettent ? », « Et si mon rendez-vous de samedi me posait aussi un lapin ? Je ne pourrais pas le supporter... ».

Un peu plus tard dans l'après-midi, Sara vérifia de nouveau ses messages vocaux après une réunion. Son amie lui avait laissé un message moins d'une minute avant qu'elle n'éteigne son téléphone au restaurant. En fait, son amie l'avait appelée pour la prévenir que son fils était malade et qu'elle ne pourrait donc pas la retrouver, mais le téléphone de Sara ne donnait accès aux messages vocaux qu'après environ deux minutes, et Sara avait donc raté l'appel de son amie ! L'histoire de Sara révèle qu'il existe de nombreuses façons d'interpréter un événement. Et il est encore plus important de savoir que votre interprétation d'une situation influencera votre *ressenti*.

ENVISAGEZ VOS PENSÉES SOUS UN ANGLE DIFFÉRENT

La section suivante passe en revue cinq étapes précises que vous pourrez appliquer chaque fois que vous vous surprendrez à vous faire du souci. Vous commencerez par noter l'évolution de votre inquiétude étape par étape. La meilleure façon de s'y prendre est d'utiliser un carnet de notes ou un journal, pour faire le suivi de vos inquiétudes, et de travailler sur chacune de ces pensées, étape par étape. À mesure que vous apprendrez à envisager vos pensées sous un angle différent, vous vous surprendrez à franchir ces étapes de façon automatique. Mais il vous faudra, dans un premier temps, tenir une liste de vos principales inquiétudes à mesure que vous les découvrirez tout au long de la journée, en les surveillant de façon régulière au moyen de la méthode exposée au chapitre 3. Chaque jour, vous prendrez au moins quinze à vingt minutes pour travailler sur chaque inquiétude en passant en revue les cinq étapes et en notant vos commentaires par écrit. Vous utiliserez cette même présentation pour les sujets d'inquiétude précis qui vous seront présentés à la troisième partie. Chacune des cinq étapes vous est présentée ci-après:

Étape 1: Faites preuve de précision. Identifiez précisément ce que vous êtes en train de vous dire.

Étape 2: Trouvez des solutions de remplacement. Cherchez d'autres issues et interprétations.

Étape 3: Cherchez des preuves. Examinez la vraisemblance de chaque possibilité.

Étape 4: Imaginez que le pire est arrivé. Suivez jusqu'au bout l'évolution de votre inquiétude.

Étape 5: Explorez de nouveaux points de vue. Résumez-les pour créer un point de vue plus équilibré.

Étape 1: Faites preuve de précision

La première étape consiste à repérer avec précision les propos que vous tenez intérieurement lorsque vous vous inquiétez. Une fois que vous aurez remarqué que vos pensées créent de l'inquiétude, concentrez-vous sur un événement ou une situation qui se rapporte à cette inquiétude. Veillez à trouver des détails précis et concrets, en vous interrogeant sur la question sur laquelle porte votre inquiétude. Il vous faudra un certain entraînement pour réussir à transformer une inquiétude vague et générale en une prévision ou une interprétation suffisamment concrète pour que vous soyez, à l'avenir, capable de dire avec assurance si elle s'est réellement produite.

EXERCICE DE MISE EN PERSPECTIVE N° 1

Faites preuve de précision

1. Choisissez une inquiétude que vous avez repérée aujourd'hui en effectuant votre surveillance quotidienne. Notez-la en haut d'une nouvelle page de votre journal. Si vous n'avez pas encore commencé les exercices quotidiens de surveillance, reportez-vous au chapitre 3 pour en obtenir les indications précises.

2. En dessous de cette inquiétude à caractère général, inscrivez une situation ou un événement précis qui illustre le mieux votre inquiétude récente. Donnez le plus de détails possible.

3. Déterminez si cette inquiétude concerne le passé ou l'avenir. Répondez aux questions suivantes :

   - Événement passé : si vous vous inquiétez pour une situation qui s'est déjà produite, de quelle façon l'interprétez-vous ou vous l'expliquez-vous ? En quoi les propos que vous tenez au sujet de cet événement créent-il de l'anxiété ?

   - Événement futur : si votre inquiétude concerne une situation à venir ou quelque chose qui pourrait survenir dans le futur, déterminez avec précision ce que vous prévoyez ou ce que vous craignez voir survenir. Vous devez être suffisamment précise pour qu'une personne extérieure soit en mesure de déterminer objectivement si cet événement a eu lieu ultérieurement.

4. Essayez maintenant de définir votre pensée anxieuse avec le plus de précision possible. Soyez à l'affût des pièges suivants :

   - Termes généraux : prenez garde aux termes généraux ayant pour vous une signification subjective et ne pouvant donc pas être vérifiés objectivement. Par exemple, si vous vous en faites à propos d'une situation précise à venir parce que vous pensez être une « ratée », efforcez-vous de déterminer ce que vous entendez par là. Lorsque vous utilisez ce terme, que pensez-vous qu'il va se passer ? Une fois que cet événement se sera produit, de quelle façon parviendrez-vous à revenir en arrière et à déterminer si vous aviez vu juste en prévoyant l'issue de l'événement ?

- Absence de délai : le caractère illimité des inquiétudes constitue un autre facteur pouvant poser un problème. Si votre inquiétude actuelle ne s'inscrit pas dans une durée précise, efforcez-vous de trouver un point dans l'avenir que vous associez au moment où votre prévision se produira ou se sera produite.

5. Lorsque vous aurez déterminé avec plus de précision l'objet de votre inquiétude, résumez-le en une phrase. Dessinez une colonne sur la partie gauche de la feuille et intitulez-la « Faire preuve de précision », en inscrivant ensuite votre phrase dans cette colonne.

Stacy : inquiète à propos des études, du travail et d'un avenir sans intérêt

Effectuons ensemble cet exercice qui porte sur une étudiante célibataire de dix-neuf ans, Stacy, qui se sent souvent opprimée par de vagues inquiétudes portant sur ses études et sur sa future carrière.

1. En pratiquant ses exercices quotidiens de surveillance, Stacy découvre qu'elle s'en fait beaucoup à propos de ses études. Elle inscrit donc ce sujet en haut d'une page de son journal.

2. Lorsqu'elle cherche à déterminer une situation ou un événement particulier qui illustre le mieux ses inquiétudes à propos de ses études, Stacy réalise que, lorsqu'elle est assise en cours, elle se surprend souvent à se demander si elle va aller jusqu'au bout de ses études et obtenir son

diplôme. Elle décide d'écrire « Je m'inquiète parce que je ne sais pas si je vais finir mes études et obtenir mon diplôme » sous le sujet d'inquiétude général « Études ».

3. Stacy comprend sans difficulté que cette inquiétude précise concerne son avenir. Elle se demande alors ce qu'elle craint voir survenir et elle note la prévision « Je ne terminerai jamais mes études ».

4. Stacy se met ensuite au défi d'être encore plus précise. Elle examine plusieurs termes généraux qu'elle a utilisés dans la phrase qu'elle vient d'écrire et elle s'interroge sur son utilisation du mot *jamais*. En la relisant, elle réalise que sa prévision ne vise pas une période limitée. Elle se pose alors la question suivante : « À quel moment de l'avenir serait-il raisonnable que je m'attende à avoir fini mes études ou avoir décidé de ne pas les continuer ? ». Stacy tente de donner une plus grande précision à sa prévision « Je ne terminerai jamais mes études » en établissant une limite dans le temps. Quelques possibilités lui viennent à l'esprit : « Je n'aurai pas mon diplôme d'ici quatre ans » et « J'aurai mon diplôme dans six ans et non dans quatre ans ». Remarquez que dans la version précédente, « Je ne terminerai jamais mes études », une personne extérieure devrait attendre que Stacy en soit à la fin de sa vie pour déterminer si celle-ci avait vu juste. Mais après avoir appliqué les directives de l'étape 4, Stacy sera elle-même en mesure de faire un bilan dans quatre ou six ans.

5. Maintenant que Stacy a déterminé avec plus de précision une inquiétude portant sur ses études, elle réalise que ce qui la dérange véritablement est la possibilité de ne pas obtenir son diplôme avec les autres étudiants dans quatre ans. Elle inscrit donc la phrase suivante sous la colonne « Donner plus de précisions » : « Je n'aurai pas mon diplôme dans quatre ans ».

Étape 2 : Trouvez des solutions de remplacement

Maintenant que vous êtes parvenue à une plus grande précision, la deuxième étape consiste à trouver des solutions de remplacement. Une fois que vous disposez d'une prévision, d'une supposition ou d'une interprétation précise à examiner, vous pouvez commencer à chercher des solutions de remplacement. Cette étape vise à en trouver le plus grand nombre possible. Efforcez-vous d'imaginer plusieurs possibilités, même si celles-ci semblent peu probables ou absurdes. Ce n'est pas le moment de les juger ou de repousser celles qui semblent peu probables. Vous les évaluerez plus tard. Cet exercice a pour but de vous libérer de vos pensées et de rendre votre esprit aussi flexible que possible. Le fait de penser à plusieurs possibilités vous empêche de rester figée en imaginant le dénouement le plus terrible qui soit ou la perspective initiale qui vous est apparue automatiquement lorsque vous avez commencé à vous inquiéter.

EXERCICE DE MISE EN PERSPECTIVE N⁰ 2

Déterminez des solutions de remplacement

1. Sur la même feuille, dessinez une autre colonne à droite de la colonne « Faites preuve de précision » et intitulez-la « Solutions de remplacement ».

2. Dans cette colonne, inscrivez toutes les solutions de remplacement que vous avez trouvées à votre pensée précise. Assurez-vous de disposer d'un éventail complet d'issues ou d'interprétations qui iront de la meilleure à la pire des possibilités.

    • Si vous vous inquiétez pour quelque chose qui doit survenir dans l'avenir, quels sont les autres résultats que vous pouvez imaginer ?

- Si vous vous inquiétez pour un événement qui s'est déjà produit, imaginez quels autres interprétation et points de vue pourrait proposer une personne extérieure.

Stacy peut trouver des solutions de remplacement à sa prévision « Je n'aurai pas mon diplôme dans quatre ans ». Quelques exemples : « J'obtiendrai mon diplôme dans les délais prescrits, au même moment que les autres étudiants de ma classe » ou « Je prendrai des cours d'été et j'obtiendrai mon diplôme en avance » ou encore « Je n'obtiendrai pas mon diplôme en même temps que le reste de ma classe, mais je terminerai mes études au semestre suivant ».

3. Une fois que votre liste de solutions de remplacement est complète, reprenez chacune d'entre elles pour essayer d'en trouver d'autres. Il se peut qu'un aspect de votre situation ou de votre prévision demeure inchangé dans votre liste. Essayez de trouver des variantes pour chacune des solutions de remplacement dont vous disposez déjà. Il pourrait être intéressant d'effectuer cet exercice avec votre conjoint, ou encore avec un membre de votre famille ou un ami qui pourrait réfléchir à des possibilités que vous n'avez pas envisagées.

Stacy a réalisé que toutes ses solutions de remplacement étaient déterminées par l'éventualité qu'elle obtienne son diplôme. Elle a donc élargi son éventail de possibilités en proposant des solutions de remplacement telles que « Je trouverai un travail que j'aime lorsque je serai à l'université et je déciderai de ne pas terminer de mes études » ou « Je monterai plutôt ma propre entreprise sur Internet ».

Étape 3 : Cherchez des preuves

L'objectif de cette étape consiste à reprendre chaque solution de remplacement de votre liste et à la comparer avec votre pensée initiale. Vous examinerez la vraisemblance de votre pensée anxieuse initiale et de chaque solution de remplacement. Vous tiendrez également compte des preuves sur lesquelles elles s'appuient. Il est facile de trouver des faits et des informations qui confirmeront votre pensée anxieuse, c'est pourquoi vous vous efforcerez de vous pencher sur tous les éléments qui vont à l'encontre de votre pensée. Lorsque les gens se font du souci à propos d'un événement, ils font souvent l'erreur d'interpréter leurs sentiments anxieux comme étant une preuve de la vraisemblance de cet événement.

Lorsque vous souffrez d'anxiété, vous avez naturellement tendance à croire que votre pensée anxieuse est bien plus intense qu'elle ne l'est en réalité. Vous aurez donc vraiment besoin de vous interroger sur l'évaluation initiale que vous avez faite de sa vraisemblance. Le simple fait que quelque chose semble réel ou ait des chances de se produire ne signifie pas nécessairement que ce sera le cas. Pouvez-vous trouver un exemple d'une situation dans laquelle vous étiez sûre à cent pour cent que quelque chose, vous causant du souci, allait se produire ou s'était produit, et au sujet de laquelle, ensuite, vous aviez réalisé que vous vous étiez trompée ? Vous étiez peut-être persuadée que vous ne seriez pas acceptée dans une école en particulier, pour vous apercevoir, ensuite, que vous aviez tort. Ou peut-être étiez-vous convaincue qu'une personne vous en voulait, pour réaliser, ensuite, qu'il n'en était rien.

EXERCICE DE MISE EN PERSPECTIVE N° 3

Cherchez les preuves

1. Dessinez, à droite de la colonne « Solutions de remplacement », une colonne portant l'en-tête « Preuves ».

2. En vous inspirant de votre pensée anxieuse initiale, inscrite dans la première colonne, répondez à la question suivante : « Quelles sont les probabilités pour que cela se produise ? ». Sur une échelle de 0 à 100, déterminez le pourcentage qui reflète le mieux le réalisme ou la vraisemblance de cette possibilité. Une probabilité de 0 % signifie que l'issue envisagée est impossible et une probabilité de 100 % signifie qu'elle est certaine. Notez votre estimation dans la colonne « Preuves ».

N'inscrivez pas un nombre élevé simplement parce que vous avez la sensation que votre pensée pourrait être exacte. L'objectif est d'estimer sa vraisemblance avec objectivité, et non d'évaluer combien votre pensée vous semble vraie. Si vous sentez que vous déterminez la vraisemblance que quelque chose se produise en vous fondant sur l'anxiété que vous ressentez à cet égard, votre estimation sera probablement trop élevée.

3. Posez-vous maintenant la question suivante : « Comment puis-je savoir si cela s'est produit ou si cela a des chances de se produire ? ». En dessous de votre évaluation, inscrivez toutes les preuves qui appuient ou qui contredisent votre pensée anxieuse initiale. Rappelez-vous d'envisager toutes les preuves possibles, au lieu de vous concentrer sur les preuves appuyant votre conclusion. Pour ce faire, vous pouvez vous poser la question « Existe-t-il une preuve du contraire que je n'aurais pas considérée ? ». Continuez à vous poser ces questions afin de déterminer l'estimation la plus précise possible.

Pour rassembler des preuves relatives à une prévision, recherchez des faits analogues dans votre passé. Au cours de cet exercice, Stacy a réalisé qu'elle fondait sa prévision « Je n'aurai pas mon diplôme dans quatre ans » sur la difficulté qu'elle éprouvait à être à jour dans les lectures qu'exigeait son cours d'histoire. En examinant ses expériences passées, elle s'est aperçue qu'elle avait déjà éprouvé le même type de difficulté, mais qu'elle avait pourtant toujours réussi ses études.

4. Maintenant que vous avez examiné la vraisemblance et les éléments probants appuyant votre pensée anxieuse initiale, reprenez chacune des possibilités inscrites dans la colonne « Solutions de remplacement » et suivez la même méthode. Évaluez la vraisemblance de chaque possibilité et notez votre évaluation. Énumérez toutes les preuves que vous trouverez pour appuyer ou réfuter chaque possibilité.

    Vous pourriez réaliser, au cours de ce processus, que vous avez encore surestimé la vraisemblance de votre pensée anxieuse initiale. Si tel est le cas, rajustez l'évaluation que vous avez faite de votre pensée initiale chaque fois que vous le jugerez nécessaire.

5. Après avoir examiné toutes les possibilités de la même façon, déterminez lesquelles ont plus de chances de se produire que votre pensée initiale. Classez chaque possibilité, ainsi que votre pensée anxieuse initiale, par ordre de vraisemblance.

6. Prenez des mesures précises ; il est possible que vous en ayez découvertes au cours de ce processus :

    • Si votre pensée anxieuse est une prévision relative à un événement futur, êtes-vous en mesure de faire pencher les probabilités en faveur d'une issue plus appropriée ?

Chaque fois que vous découvrirez une solution à un problème concret au cours de ce processus, prenez immédiatement les mesures nécessaires.

- Si votre pensée anxieuse est une interprétation d'un événement qui s'est déjà produit, existe-t-il un moyen de vérifier l'exactitude de votre évaluation ? Il arrive que le simple fait de poser la bonne question à la bonne personne soit suffisant pour rassembler des preuves suffisantes.

7. À la fin de chaque semaine, consultez votre journal pour vérifier l'exactitude de vos évaluations. Vérifiez le bien-fondé de vos inquiétudes et la fréquence à laquelle les événements, que vous aviez prévus, se sont réellement produits. Est-il arrivé qu'une solution de remplacement se produise à la place de votre pensée initiale ? À combien de reprises ? Lorsque votre prévision initiale était juste, comment avez-vous géré la situation ? Le fait de rassembler des preuves sur l'issue de vos inquiétudes, à mesure que les événements se déroulent, peut être très révélateur.

Étape 4 : Imaginez que le pire est arrivé

Que se passera-t-il si, après avoir franchi ces premières étapes, vous êtes toujours tracassée par votre inquiétude ? Vous avez peut-être réalisé que ce qui vous occasionne du souci a peu de chances de survenir, mais vous ne pouvez pas vous sortir de l'esprit qu'il existe quand même une possibilité que ce soit l'inverse qui se produise. L'objectif de cette étape est de suivre l'évolution de votre inquiétude et de l'affronter directement. Vous vous interrogerez sur ce qui se produirait si votre pensée anxieuse initiale était juste. Mais contrairement à l'inquiétude qui consiste à se poser une question de façon rhétorique, vous vous efforcerez plutôt d'y répondre objectivement.

Lorsque nous nous retrouvons «coincés» dans une spirale d'inquiétude, nous perdons le sens des proportions. En un rien de temps, une taupinière se transforme en montagne! On se ment à soi-même en croyant que si notre inquiétude s'avérait exacte, ce serait un désastre dans des proportions catastrophiques. Nous pensons que nous ne serions pas en mesure d'y faire face et nous sommes incapables d'imaginer comment nous agirions. Cette façon de penser nous empêche de nous rappeler tous les moments où nous avons réussi à gérer nos problèmes en faisant de notre mieux.

Il arrive également qu'une issue que nous n'avions pas osé envisager se produise et qu'elle soit accompagnée d'éléments très positifs. Cela me fait penser à une très bonne amie de l'université, qui était terriblement déçue parce que l'université qu'elle avait choisie ne l'avait pas acceptée. Elle avait fini par faire ses études dans la deuxième université qu'elle avait choisie et y rencontra l'homme de sa vie. Depuis, elle a réussi sa vie professionnelle comme elle le souhaitait, et jusqu'à ce jour, elle et son mari ont toujours célébré le jour où sa candidature fut refusée! Demandez-vous si vous avez vécu une expérience similaire. Pouvez-vous vous rappeler un moment où votre inquiétude était fondée, mais a donné lieu à quelque chose de tout à fait inattendu?

EXERCICE DE MISE EN PERSPECTIVE N° 4

Imaginez que le pire est arrivé

1. Dessinez, à droite de la colonne «Preuves», une colonne portant l'en-tête «Imaginer que le pire est arrivé».

2. Inscrivez dans cette colonne la pensée anxieuse initiale qui se trouve dans la première colonne.

3. Dessinez une flèche pointant vers le bas en vous posant la question « Si cela arrivait, que se passerait-il ensuite ? ». Notez votre réponse à cette question sous la flèche, puis dessinez une autre flèche pointant vers le bas.

4. En réponse à cette deuxième ligne, posez-vous la question « Si cela arrivait, que se passerait-il ensuite ? ». Inscrivez votre réponse sous la flèche, puis posez-vous de nouveau la même question. Continuez ainsi jusqu'à ce que vous ne trouviez plus de réponse possible.

5. Reprenez chaque ligne de la chaîne d'inquiétude que vous venez d'élaborer. En commençant par le haut avec votre pensée anxieuse initiale, posez-vous ces questions pour chaque ligne distincte :

   • Que se passerait-il si cela se produisait ?

   • De quelle façon agirais-je si cela se produisait ?

   • Comment m'y prendrais-je pour gérer la situation ?

   • Comment y ferais-je face ?

   • Comment ai-je fait face à des situations similaires dans le passé ?

   • En quoi cette issue serait-elle si terrible ?

   • Que se passerait-il ensuite ?

   Notez vos réponses à ces questions en dessous de la chaîne d'inquiétude, dans la colonne « Imaginer que le pire est arrivé ».

6. Il faut maintenant trouver des solutions de remplacement pour chaque ligne de votre chaîne d'inquiétude. À côté de la réponse figurant à la deuxième ligne de votre chaîne d'inquiétude, inscrivez au moins deux autres issues possibles à

votre pensée anxieuse. Vous avez déjà probablement pensé à la pire issue possible, alors il vous faudra trouver une fin plutôt neutre et une autre plus souhaitable, mais vous apparaissant peu réaliste.

7. Faites la même chose pour la prochaine ligne de votre chaîne d'inquiétude. Trouvez au moins deux solutions de remplacement pour chaque ligne et inscrivez-les à côté. Ce faisant, posez-vous les questions suivantes :

   • Laquelle de ces trois possibilités a le plus de chances de se produire ?

   • Comment ferais-je face à chacune de ces possibilités ?

Le but de cet exercice est d'apprécier le nombre infini de possibilités qui existent, même dans l'éventualité où notre pensée anxieuse initiale serait exacte. Il vous donne également l'occasion de vous apercevoir que vous avez la force d'affronter la pire de ces solutions, même si toutes les issues proposées, dans votre chaîne d'inquiétude, s'avéraient exactes.

Étape 5 : Explorez de nouveaux points de vue

L'objectif de cette étape est de rassembler toutes les idées que vous avez eues au cours des quatre étapes précédentes et de tirer profit du travail que vous avez effectué jusqu'ici. Maintenant que vous avez examiné votre inquiétude avec objectivité, il vous faut trouver un nouveau point de vue qui sera plus équilibré et flexible. Celui-ci doit tenir compte de toutes les nuances qui existent entre le noir et le blanc, ce qui signifie que vous devez envisager votre situation avec moins d'attentes et moins de suppositions, plutôt que d'être convaincue de la véracité de votre point de vue initial.

EXERCICE DE MISE EN PERSPECTIVE Nº 5

Explorez de nouveaux points de vue

1. Dessinez une dernière colonne à droite de la feuille avec l'en-tête « Nouveaux points de vue ».

2. Relisez tout ce que vous avez écrit depuis le début. Posez-vous les questions suivantes :

- Qu'ai-je découvert à propos de moi-même et de mon inquiétude que je ne savais pas auparavant ?

- Quelles autres façons d'envisager ma situation ont eu l'impact le plus important sur moi ?

3. Résumez votre réponse en une phrase ou deux et inscrivez-la dans la dernière colonne. Elle doit représenter un nouveau point de vue qui doit être plus objectif et équilibré que votre pensée anxieuse initiale.

Lorsque vous vous serez bien entraînée à pratiquer ces exercices, reprenez votre journal et cherchez-y la présence de thèmes. Essayez de vous rappeler vos nouveaux points de vue lorsque vous repérerez des spirales d'inquiétude au cours de vos exercices quotidiens de surveillance.

RÉALISEZ QUE VOUS N'ÊTES PAS OBLIGÉE DE VOUS FAIRE DU SOUCI

L'inquiétude est le dilemme de beaucoup de femmes. Elle les épuise, les stresse et les rend irritables. Mais en même temps, certaines d'entre elles croient secrètement qu'elles ont besoin de ces inquiétudes pour gérer leur vie et empêcher que des catastrophes ne surviennent. Elles se sentent coincées dans une double impasse, prises entre l'enclume et le marteau. C'est pour cette raison que de nombreuses femmes pensent que l'inquiétude est le moindre des maux.

Pourquoi certaines femmes sont-elles convaincues qu'elles doivent se faire du souci ? Quels avantages peuvent-elles en retirer lorsqu'elles souffrent constamment des inconvénients que cela entraîne ? De nombreuses femmes ne se représentent pas l'inquiétude comme étant un choix conscient dont elles ont le contrôle. C'est comme si notre esprit menait une vie qui lui est propre et était déterminé à continuer de s'inquiéter, quel qu'en soit le prix. En voici la raison : la plupart du temps, lorsque vous vous inquiétez, vous le faites à tort ; mais au lieu d'en conclure qu'il était inutile de se faire du souci, votre esprit fait l'erreur de supposer que votre inquiétude vous a permis d'éviter que quelque chose de terrible ne survienne. Si vous vous inquiétez toujours pour quelque chose, vous n'aurez pas l'occasion de vous apercevoir qu'il ne vous arriverait rien de mal en l'absence d'inquiétude. L'issue ne serait probablement pas différente, même si vous réfléchissiez vraiment à la question. Ainsi, la stratégie mise en place par votre esprit consiste à se raccrocher aux inquiétudes pour éviter qu'une catastrophe ne survienne.

Voici une liste des idées courantes en matière d'inquiétude. Celle-ci provient d'une étude effectuée par l'Université de l'État de Pennsylvanie* :

- L'inquiétude me motive à faire ce qui doit être fait.

- L'inquiétude est un moyen efficace de résoudre les problèmes.

- Si je me fais du souci lorsqu'une chose désagréable arrive, j'y suis déjà préparée.

---

* Repris de la version réimprimée de Borkovec et Roemer, 1995. Journal of Behavior Therapy & Experimental Psychiatry. *Perceived functions of worry among generalized anxiety disorder subjects: Distraction from more emotionally distressing topics ?*, vol. 26, p. 25-30, avec l'autorisation d'Elsevier.

- Si je m'en fais, je serai davantage en mesure de déterminer comment éviter que quelque chose de désagréable se produise.

- Lorsque je me fais du souci pour certaines choses, cela me permet d'éviter de penser à des sujets encore plus douloureux.

- Même si ce n'est pas vrai, j'ai la sensation qu'en m'inquiétant, je cours moins de risques qu'une chose désagréable se produise.

Si ces phrases vous rappellent votre propre expérience ou si vous avez la sensation de ne pas avoir de contrôle sur vos inquiétudes, sachez que vous pouvez sortir de cette situation. Examinez ces croyances en les traitant comme des suppositions et en reprenant chaque étape qui vous a été présentée dans ce chapitre. Vous trouverez, ci-dessous, quelques suggestions à garder à l'esprit lorsque vous examinerez chacune d'entre elles :

1. Cherchez des preuves en comparant une période de votre vie où vous vous inquiétiez par rapport à une période où vous vous faisiez peu de soucis. Vous sentiez-vous réellement mieux lorsque vous vous inquiétiez au point d'anticiper le moindre détail ?

2. Lorsque l'issue d'une situation a été plus favorable que ce que vous aviez imaginé, ne pensez-vous pas que les choses se seraient déroulées de la même façon si vous ne vous étiez pas fait de soucis ?

3. Est-il impossible de résoudre des problèmes efficacement sans avoir à s'inquiéter à leur sujet ?

4. N'existe-t-il pas d'autres moyens de vous motiver que de faire appel à l'anxiété et à l'inconfort de l'inquiétude, par exemple vous récompenser lorsque vous accomplissez certaines tâches ?

5. Habituellement, être conscient de son environnement *actuel* est une réaction naturelle d'adaptation. Déterminez si vous passez à côté d'informations importantes lorsque vos pensées sont occupées par vos inquiétudes. Vous apprendrez quelques stratégies à cet égard au chapitre 7.

Lorsque vous examinerez vos croyances en matière d'inquiétude en franchissant les cinq étapes qui vous ont été expliquées dans ce chapitre, comparez les effets négatifs d'une inquiétude excessive par rapport aux avantages que vous pensez en retirer. Quels sont les inconvénients de se raccrocher à la conviction qu'il est nécessaire de se faire du souci ? En plus des désagréments qu'elle cause, l'inquiétude vous empêche de découvrir que vous êtes capable de faire face aux situations et de gérer votre vie sans vous en faire.

CHAPITRE 5

Affrontez vos peurs

LES INCONVÉNIENTS DE L'ÉVITEMENT

Lorsque vous vous inquiétez, vos pensées se raccrochent à ce que vous redoutez. Mais votre esprit se contente de tourner autour du problème sans réellement l'affronter. Vous avez déjà commencé à affronter vos peurs en franchissant les étapes présentées au chapitre précédent. Vous avez exploré vos pensées en précisant vos inquiétudes, en réfléchissant à des solutions de remplacement, en examinant les preuves, en imaginant le pire scénario et en explorant de nouveaux points de vue. Les efforts que vous avez déployés à examiner vos *pensées automatiques* et à adopter un nouveau point de vue porteront leurs fruits si vous les accompagnez d'un comportement approprié. Dans ce chapitre, vous apprendrez à affronter directement vos peurs en agissant différemment.

Il est important de modifier votre comportement si vous voulez mettre fin à vos spirales d'inquiétude. Lorsque vous cédez à la tentation d'éviter certaines choses, vous renforcez votre conviction intime que ces situations sont menaçantes, ce qui vous pousse à penser que vous serez peut-être incapable d'y faire face. En réalité, le simple fait d'éviter une situation peut la rendre encore plus redoutable. Vous pourriez probablement créer toutes sortes de nouvelles peurs en évitant volontairement des choses qui ne vous effraient pas à l'heure actuelle.

Le comportement d'*évitement* donne de l'ampleur à votre inquiétude. Si vous évitez certaines situations parce que vous vous inquiétez des issues possibles, vous ne saurez jamais ce qui se serait produit si vous aviez fait face à ces situations. Vous vous privez de la possibilité de savoir comment vous vous en seriez sortie. Lorsque vous choisissez l'évitement, vous ressentez un soulagement temporaire. Mais vous vous sentez également impuissante et dévalorisée, comme si vous n'aviez pas de pouvoir sur votre façon de vous comporter. Vous finissez, ensuite, par être découragée, et une vague sensation de paralysie s'insinue en vous. C'est ainsi que l'évitement finit par éroder votre confiance à mesure que le temps passe.

Lorsque vous effectuerez les exercices présentés dans ce chapitre, rappelez-vous que le but n'est pas de vous sentir à l'aise. En fait, chaque exercice a été conçu pour vous aider à vous aventurer en-dehors de votre zone de confort. En vous mettant en état de vulnérabilité, vous pourrez réaliser que vous êtes capable de gérer n'importe quelle situation. Il est important de comprendre que même l'émotion la plus douloureuse ne peut pas vous détruire. Nous sommes tous capables de supporter une peur intense, puisque c'est ce qui nous permet d'échapper aux situations dans lesquelles notre vie est menacée. Il peut arriver que vous ressentiez le besoin d'éviter une situation véritablement dangereuse, et dans ce cas, votre comportement d'évitement vous protège exactement comme il doit le faire. Mais la plupart du temps, les gens évitent des situations qu'ils trouvent embarrassantes et qui ne sont pas réellement dangereuses.

Enfin, rappelez-vous que le courage consiste à agir en présence de la peur et non à l'éviter. Comme l'a souligné le psychologue renommé Stanley Rachman en 1990, le courage consiste à passer à l'action malgré la peur, et non à agir en l'absence de peur. Soyez à l'affût des pensées autodestructrices qui vous poussent à croire que vous êtes lâche ou faible parce que vous éprouvez des difficultés à affronter des situations que d'autres ne redoutent pas. Au lieu de cela, vous devriez penser que vous faites preuve de courage chaque fois que vous passez à l'action, et quelle qu'en soit l'issue.

FAITES PREUVE DE COURAGE : COMMENT AFFRONTER CE QUE VOUS ESSAYEZ D'ÉVITER

Les exercices présentés dans ce chapitre vous aideront à repérer avec précision ce que vous avez tendance à éviter. Vous apprendrez comment affronter volontairement les situations qui vous font peur, en appliquant la stratégie de l'*exposition*. Vous commencerez par les exercices d'exposition les plus faciles à gérer, puis vous essaierez de vous intéresser à des situations plus problématiques à mesure que vous progresserez. Votre inhibition fera rapidement place à une sensation de contrôle et de pouvoir.

Repérez les situations précises que vous évitez

Pour pouvoir affronter vos peurs, vous devez savoir exactement ce que vous avez tendance à éviter. Cet exercice peut s'avérer délicat pour les personnes inquiètes dont les peurs portent rarement sur seulement un ou deux sujets. Peut-être avez-vous peur d'objets, de situations ou d'activités qui font partie des craintes fréquemment évoquées. La hauteur, les voyages en avion, les serpents et les visites chez le dentiste font partie des phobies que l'on rencontre couramment. Les progrès que vous ferez en affrontant ces peurs pourraient stimuler votre confiance et vous préparer à faire face aux situations qui sont étroitement liées à vos inquiétudes.

Les moments où vous êtes en société et où vous interagissez avec les autres sont de bonnes occasions de déceler la présence de comportements d'évitement. Il se peut que vous évitiez les événements sociaux pour ne pas être en présence d'un grand nombre de personnes ou pour ne pas avoir à rencontrer de nouvelles personnes. Si vous vous en faites pour ce que les autres pensent de vous, si vous avez souvent peur qu'on ne vous aime pas ou si vous dépensez votre énergie à essayer de faire plaisir, vous évitez probablement de vous retrouver dans certaines situations d'interaction. Les fêtes, les rendez-vous amoureux, les sorties au restaurant avec d'autres personnes, ou encore le fait d'engager la conversation ou de prendre l'initiative de socialiser en sont quelques exemples évidents. Mais nombreuses sont les femmes qui évitent même de se retrouver dans des situations d'interaction moins flagrantes. Donner votre opinion, vous imposer, faire un commentaire honnête à un ami et révéler à un proche des détails intimes ou confidentiels vous concernant en sont de bons exemples. Soyez à l'affût des moments où vous avez tendance à faire preuve de retenue en présence d'autres personnes.

Vous pouvez également rechercher des comportements d'évitement en analysant votre inquiétude :

- Quelles situations évitez-vous à cause de votre inquiétude ?

- Évitez-vous de dire « non » ou de formuler des demandes auprès d'autres personnes par peur de ce qu'elles pourraient penser ?

- Évitez-vous de regarder les informations, de lire le journal ou d'écouter la radio par peur d'y trouver d'autres raisons de vous faire du souci ?

- Évitez-vous de regarder certains films parce qu'ils éveillent des émotions trop profondes ?

- Évitez-vous de conduire lorsque vous venez d'entendre parler d'un accident de voiture ?

Dans le chapitre précédent, vous avez peut-être découvert des situations dans lesquelles vous auriez pu demander à quelqu'un de vous fournir des commentaires et rassembler ainsi des preuves appuyant votre inquiétude. Voyez si vous pouvez repérer des situations dans lesquelles vous auriez pu déterminer le bien-fondé de votre inquiétude en affrontant des personnes ou des situations. Pensez à toutes les situations qui, si vous les aviez affrontées, vous auraient révélé l'information nécessaire pour faire taire votre inquiétude.

Un dernier mot sur le fait d'affronter les situations qui vous effraient : si votre intuition vous révèle qu'une certaine situation ou personne peut vous être physiquement dangereuse, n'allez pas à l'encontre de votre bon sens. Les exercices ci-dessous vous aideront à affronter les choses qui vous mettent mal à l'aise, de manière à dépasser les peurs et les inquiétudes qui vous empêchent d'avancer ; ce qui est très différent du fait d'éviter un véritable danger pour vous protéger. Marcher seule dans une rue sombre, confronter un membre de votre famille qui vous a blessée physiquement ou affronter un ancien ami de cœur qui vous a menacée sont les types de situations que vous devez éviter pour votre propre sécurité.

EXERCICE D'AFFRONTEMENT DES PEURS Nº 1

Repérez des situations précises

1. Prenez une autre feuille de papier et essayez de penser à toutes les activités et les situations que vous évitez parce qu'elles vous mettent mal à l'aise. Dessinez trois colonnes sur la feuille. Intitulez la première colonne « Phobies », la deuxième « Situations sociales » et la troisième « Activités quotidiennes ». Inscrivez chaque situation ou activité que vous évitez dans la colonne appropriée. Assurez-vous de ne pas oublier toutes les idées que votre lecture a suscitées jusqu'à présent.

2. Regardez le tableau suivant présentant des situations et des activités courantes que les gens ont tendance à éviter, et repérez si certaines s'appliquent à vous. Le cas échéant, ajoutez-les dans les colonnes appropriées.

Phobies	Situations sociales	Activités quotidiennes
Serpents ou araignées	Parler à des gens	Regarder, lire et écouter les nouvelles
Autres animaux	Rencontrer de nouvelles personnes	Conduire
Hauteur	Vous affirmer	Vous absenter de la maison
Voyage en avion	Fêtes	Confier les enfants à une gardienne

Ascenseurs	Rendez-vous	
Dentiste	Rendez-vous amoureux	
Aiguilles	Vous exprimer en public	

3. Reprenez ensuite les notes que vous avez écrites dans votre journal. Essayez de repérer des scénarios ou des situations d'interactions que vous avez tenté d'éviter en prenant certaines mesures, ou que vous avez failli éviter. Il est important que vous preniez votre temps pour effectuer cet exercice et que vous notiez le plus de choses possible. Si certains éléments vous reviennent à l'esprit ultérieurement, il vous suffira de les ajouter à votre liste. Continuez à la mettre à jour lorsque vous vous retrouverez dans des situations que vous serez tentée d'éviter.

Créer une échelle d'exposition

Maintenant que vous avez déterminé quelles situations précises vous évitez ou êtes parfois tentée d'éviter, il est temps de les classer par ordre de difficulté. Si vous avez observé que vous aviez tendance à éviter plusieurs situations différentes, il est possible que vous vous sentiez dépassée et que vous vous demandiez si vous serez capable de toutes les affronter. En effet, il est impossible d'envisager affronter toutes les situations que vous évitez en une seule fois. Au lieu de cela, vous commencerez par la situation qu'il vous sera le plus facile de gérer. Une fois que vous en serez venue à bout, passez à la suivante. Il est essentiel d'y aller progressivement.

Les gens remarquent souvent qu'une fois qu'ils ont commencé à affronter même la plus insignifiante des situations, celles qui sont plus délicates apparaissent beaucoup plus faciles à gérer, car ils acquièrent chaque fois un peu plus confiance en eux. Ne vous découragez pas s'il vous faut affronter plusieurs situations différentes. Grâce à l'objectif que vous vous êtes fixé pour affronter vos peurs, vous serez en mesure de briser une spirale d'inquiétude potentielle, et ce, chaque fois que vous vous trouverez dans une nouvelle situation. Cette nouvelle façon d'agir finira par s'installer en vous et votre but à long terme, celui d'affronter les autres situations, vous semblera de plus en plus réalisable.

EXERCICE D'AFFRONTEMENT DES PEURS N° 2

Créez une échelle d'exposition

1. Reprenez la liste que vous avez dressée au premier exercice de ce chapitre et classez chaque point en fonction de son degré de difficulté. Pour chacun d'entre eux, demandez-vous dans quelle mesure cette situation ou activité vous rendrait anxieuse. Utilisez la même échelle d'évaluation de l'anxiété (de 0 à 100) que celle présentée au chapitre 3 et que vous utilisez pour votre surveillance quotidienne.

2. Une fois que vous aurez évalué chaque situation ou activité de votre liste à l'aide de l'échelle, mettez-les dans l'ordre en allant du taux d'anxiété le plus faible au plus élevé. Si vous ne disposez pas d'une place suffisante dans votre colonne, vous pouvez utiliser une autre feuille de papier pour les noter dans l'ordre.

3. Sur une feuille de papier distincte, dessinez une grande échelle contenant autant de barreaux que vous avez de situations et d'activités. Il est préférable que vous utilisiez

un crayon pour cet exercice, afin de pouvoir apporter des modifications s'il y a lieu. Si vous avez trouvé un nombre important de situations et d'activités, regroupez entre elles les situations similaires.

4. Inscrivez la situation ou activité ayant la notation la plus faible sur le barreau du bas de l'échelle, et continuez ainsi vers le haut de l'échelle jusqu'à ce que toutes les situations ou tous les groupes de situations aient trouvé leur place sur l'échelle. Si toutes vos situations sont associées à des taux d'anxiété élevés, cherchez-en des versions simplifiées pour pouvoir les inscrire vers le bas de l'échelle. Une version simplifiée de la situation angoissante, qui consiste à demander une augmentation à votre patron, pourrait être de lui demander lundi prochain comment s'est passé son week-end. Votre échelle peut même comporter des situations ou des activités qui font déjà partie de votre vie mais que vous appréhendez chaque fois que vous y êtes confrontée.

Affrontez chacune de vos peurs individuellement

Vous êtes maintenant prête à affronter les situations que vous avez classées en remontant votre échelle d'exposition, un barreau à la fois. Vous choisirez une situation pour vous entraîner à être exposée, et vous préverrez avec précision quand et comment vous allez l'affronter. Lorsque la situation ou l'activité planifiée se présente, ne luttez pas contre tous les sentiments qui accompagnent cette expérience effrayante de nouveauté. N'essayez pas de vous en débarrasser si l'objectif, qui se dissimule derrière, est de vous sortir d'une situation inconfortable. D'un autre côté, si vous abordez votre *pratique d'exposition* comme si votre vie en dépendait, vous ne ferez que renforcer vos idées anxieuses initiales. Pour cette raison, le fait de résister ne fera que porter atteinte à vos efforts. Vous vous en êtes peut-être déjà aperçue s'il vous est arrivé d'affronter certaines de ces situations par le passé et que vous vous êtes sentie encore plus mal après. Au lieu de cela, vous pouvez accueillir la sensation d'inconfort et l'excitation que vous ressentez en présence de nouveauté avec fierté et courage.

Lorsque vous effectuerez cet exercice d'exposition, observez ce que vous vous dites en vous-même. Votre esprit essaie-t-il de vous convaincre que vous n'êtes pas en mesure d'affronter la situation ou la peur et autres émotions douloureuses qu'elle suscite? Il est important de surveiller vos pensées et de ne pas oublier qu'il ne s'agit que de pensées. Ainsi vous pourrez vivre la situation d'une façon différente au lieu de répéter toutes les interprétations effrayantes qui vous viennent automatiquement à l'esprit.

EXERCICE D'AFFRONTEMENT DES PEURS N° 3

Affrontez chaque peur individuellement

1. Choisissez une situation ou une activité inscrite sur le barreau du bas de votre échelle.

2. Déterminez avec précision où, quand et comment vous allez tenter de l'affronter. Ces données peuvent varier légèrement en fonction de la situation. Par exemple, une femme pourrait décider de commencer par entamer une conversation avec une personne de son travail. Dans un autre cas de figure, une femme, qui a peur de conduire, peut décider de rouler un peu plus longtemps au lieu de prendre le chemin qu'elle emprunte habituellement, lorsqu'elle rentre du supermarché.

3. Le moment venu, mettez votre plan à exécution en affrontant directement la situation ou l'activité. Juste avant de commencer, évaluez votre anxiété entre 0 et 100 à l'aide de l'échelle d'évaluation de l'anxiété.

4. Lorsque vous êtes en situation d'*exposition*, restez le plus possible concentrée sur ce qui se passe autour de vous et en vous-même. Restez dans la situation aussi longtemps que vous le pouvez, jusqu'à ce que vous ayez accompli ce que vous aviez prévu ou jusqu'à ce que la situation prenne fin naturellement. Immédiatement après, évaluez de nouveau votre degré d'anxiété.

5. Répétez cet exercice d'exposition plus tard. Recommencez jusqu'à ce que cette activité génère un taux d'anxiété maximal de 10 sur l'échelle d'évaluation de l'anxiété.

6. Si votre anxiété ne commence pas à diminuer après plusieurs tentatives, vérifiez si vous n'êtes pas involontairement en train de répéter vos croyances anxieuses. Vos pensées par rapport à ces exercices et à votre capacité à les mener à bien pourraient-elles être source de mal-être ? Le fait de continuer à vous entraîner et de ressentir de l'anxiété *ne signifie pas* que vous avez échoué. Rappelez-vous que le but de cet exercice consiste à ressentir de l'inconfort et non l'inverse. La seule façon d'échouer à cet exercice serait de ne pas le faire. Tout ce que vous avez à faire est de recommencer. Peut-être essayez-vous d'en faire trop, trop rapidement.

Choisissez une variante pour rendre l'activité plus facile à gérer. Imaginons, par exemple, que vous prévoyez engager la conversation avec votre patron, mais que vous n'avez pas réussi à le faire le moment venu parce que vous aviez trop peur. Avant de vous lancer de nouveau dans cette situation précise, vous pourriez, d'abord, essayer d'entamer la conversation avec un de vos collègues. Rappelez-vous que vous aurez réussi ces exercices lorsque vous aurez eu le courage de passer à l'action. La façon dont les autres réagissent n'a pas d'importance.

7. Une fois que vous en avez fini avec le barreau du bas de votre échelle d'exposition, passez au barreau supérieur. Suivez les mêmes étapes :

- Déterminez avec précision où, quand et comment vous allez tenter de l'affronter.

- Allez jusqu'au bout de votre exercice d'exposition comme vous l'avez planifié, en évaluant votre degré d'anxiété immédiatement avant et après.

- Répétez l'exercice d'exposition jusqu'à ce que la situation ne suscite presque plus d'anxiété (autour de 10 sur l'échelle d'évaluation de l'anxiété).

- Continuez à remonter votre échelle d'exposition un barreau à la fois.

DÉPASSEZ VOTRE ZONE DE CONFORT

Affronter les situations précises qui vous effraient et que vous évitez est sans conteste très important. Mais vous pouvez pousser un peu plus loin l'idée d'*exposition* en affrontant de nouvelles situations lorsque vous en rencontrez. Vous bénéficierez d'une plus grande confiance et vous préviendrez les comportements d'évitement si vous restez à l'affût de nouvelles expériences.

Pouvez-vous penser à quelque chose de nouveau et de différent, que vous avez toujours voulu essayer sans vous être jamais lancée pour une raison quelconque ? Parfois, les plus petites modifications apportées à nos habitudes ont un impact si elles nous sortent de notre zone de confort. Vous inscrire à un cours qui vous a toujours attirée, commander un plat différent à votre restaurant préféré ou essayer une nouvelle activité sont des façons d'apporter un peu de diversité à votre vie et de vous permettre de rester à l'affût. Chaque fois que vous

vous surprendrez à éviter de prendre des risques en restant dans le connu, forcez-vous à faire quelque chose de différent. Lorsque vous rencontrerez de nouvelles expériences et opportunités que vous appréhenderez, demandez-vous si vous prenez vraiment des risques en les essayant. Si vous en concluez qu'elles ne sont pas dangereuses pour vous, lancez-vous! Au pire vous resterez coincée dans des habitudes rigides, et au mieux vous deviendrez flexible. En outre, vous vous prouverez que la vie peut être remplie de choix et d'options au lieu d'être régie par des doutes et des peurs.

ABANDONNEZ LES COMPORTEMENTS QUI ENTRETIENNENT LA SPIRALE D'INQUIÉTUDE

En plus d'éviter des situations et des activités, les personnes inquiètes agissent d'une façon particulière pour se rassurer. Bien que ces comportements leur permettent de se sentir mieux à court terme, ils renforcent également la croyance sous-jacente selon laquelle il est nécessaire que vous vous fassiez du souci; ce qui peut porter atteinte à vos efforts pour rompre vos spirales d'inquiétude. Vérifier plusieurs fois certaines choses, arriver très en avance à un rendez-vous, appeler nos proches pour s'assurer qu'ils vont bien ou avoir sans cesse besoin d'être rassurée par son entourage font partie de ce que l'on fait pour se rassurer.

Regina : superstitieuse et à bout de nerfs

Prenons l'exemple de Regina, une jeune femme de vingt-cinq ans et maman depuis peu. Le mari de Regina était tenu de s'absenter environ une semaine par mois pour son travail de vendeur en électronique. Regina redoutait toujours les moments où il partait en voyage. Elle se retrouvait seule à la maison avec leur petite fille, ce qui l'inquiétait beaucoup. Dès qu'il était parti, les questions commençaient à se bousculer dans son esprit : « Et s'il ratait son avion ? Si l'hôtel avait perdu sa réservation ? Que se passerait-il s'il oubliait son porte-documents à l'hôtel et se retrouvait à son rendez-vous sans ses documents ? ». Regina gérait ses peurs en appelant son mari chaque fois qu'elle pensait pouvoir le joindre. Elle l'appelait sur son téléphone mobile pour s'assurer qu'il était dans l'avion, puis au moment de son arrivée à l'hôtel pour s'assurer qu'il avait bien une chambre, et encore plusieurs fois le matin suivant pour lui rappeler de ne pas oublier son porte-document. Elle ressentait de plus en plus le besoin de l'avoir au téléphone et se raccrochait à cette précieuse sensation de soulagement qu'elle ressentait lorsqu'elle savait que tout allait bien.

Au cours d'un de ses voyages, le mari de Regina oublia de recharger les batteries de son téléphone et celui-ci fut alors hors d'usage avant même qu'il n'arrive à l'aéroport. Lorsque Regina réalisa qu'elle ne pouvait pas le joindre, son inquiétude grimpa en flèche. Elle passa la journée déprimée et à bout de nerfs, et le simple fait de s'occuper de sa fille lui demanda un immense effort. Son mari finit par l'appeler de l'hôtel, mais il se fit reprocher d'être négligent. Regina était en pleurs lorsqu'elle raccrocha le téléphone et elle se demandait comment changer les choses.

Avec l'aide d'un thérapeute, Regina apprit à se débarrasser progressivement des comportements qu'elle adoptait à cause de son inquiétude. Elle commença avec un exercice d'exposition qui limitait le nombre d'appels à deux par jour. Elle devait appeler son mari à des moments précis et non lorsqu'elle en ressentait l'envie. Au lieu de se laisser aspirer par les spirales d'inquiétude, elle s'entraîna à examiner ses pensées et commença à penser que son mari pouvait faire face aux problèmes qu'il pourrait rencontrer. Regina examina ce qui se passait lorsqu'elle appelait son mari par rapport aux moments où elle ne le faisait pas. Elle réalisa qu'elle était intimement convaincue que ses appels protégeaient son mari des catastrophes, même si elle ne s'était jamais considérée comme étant une personne superstitieuse. À la fin, Regina était capable de passer un seul coup de fil à son mari, le soir, lorsqu'il était en voyage. Au lieu de s'inquiéter pour lui, elle profitait des moments passés seule avec sa fille et anticipait son retour avec plaisir.

Cette histoire vous rappelle peut-être la vôtre ou vos propres spirales d'inquiétude. Efforcez-vous de vivre pendant quelques temps sans ces comportements qui vous rassurent. Selon vous, que pourrait-il se produire si vous ne vérifiez pas quelque chose à trois reprises ou si vous ne cherchiez pas à être rassurée par vos amis relativement à vos inquiétudes ? À l'aide des stratégies présentées au chapitre 4, examinez l'hypothèse que vous émettez en réponse à cette question. Menez des expériences en comparant les moments où vous adoptez un comportement particulier pour vous rassurer par rapport à ceux où vous ne l'avez pas fait. Vous vous retrouveriez, évidemment, dans une situation d'inconfort, mais que se passerait-il réellement ? Et quel est le prix que vous payeriez pour profiter de ce soulagement à court terme ? Regina a pu découvrir que son comportement entretenait non seulement sa spirale d'inquiétude, mais qu'aussi il l'empêchait d'avoir une conversation constructive avec son mari.

Lorsque vous abandonnerez les comportements qui entretiennent votre spirale d'inquiétude, vous vous en libérerez et les empêcherez de prendre de l'ampleur. De plus, vous aurez davantage d'énergie à dépenser pour ce qui vous est vraiment précieux.

CHAPITRE 6

Détendez votre corps et votre esprit

LES BIENFAITS DE LA RELAXATION

Vous vous êtes entraînée à repérer les pensées, les sentiments, les sensations et les comportements qui constituent vos spirales d'inquiétude. Ainsi, chaque fois que vous décèlerez suffisamment tôt la présence d'une spirale d'inquiétude, vous serez capable de la « tuer dans l'œuf » et d'enrayer le processus. Au chapitre 4, vous avez appris à vaincre les pensées anxieuses qui surgissent dans votre esprit lorsque vous vous inquiétez, et le chapitre 5 vous a expliqué comment vous attaquer aux comportements qui favorisent les spirales d'inquiétude et comment maîtriser votre tendance à éviter certaines situations. Vous allez maintenant apprendre des techniques de relaxation visant à soulager les sensations physiques et les sensations subjectives de tension chronique dont les personnes inquiètes font souvent les frais.

L'inquiétude et la tension musculaire vont de pair. N'avez-vous jamais remarqué qu'à la fin d'une journée stressante vous pouviez avoir mal au dos ou à la tête parce que vous aviez contracté certains muscles sans même vous en apercevoir ? La tension musculaire crée un certain nombre de sensations physiques, par exemple le fait d'avoir l'estomac noué, d'éprouver des difficultés à respirer ou de souffrir de problèmes gastriques tels que la diarrhée, des nausées et de la constipation. Il s'agit également d'effets secondaires psychologiques. La tension alimente les spirales d'inquiétude, et vos pensées anxieuses influencent facilement votre état d'esprit. Or, il est bien plus facile de prendre les choses telles qu'elles arrivent lorsque vous êtes dans un état général de détente. À cet effet, rappelez-vous une période de votre vie où vous vous sentiez particulièrement détendue. Vos spirales d'inquiétude avaient-elles autant de prise sur vous ?

L'objet de ce chapitre est de vous enseigner des méthodes de relaxation précises qui vous aideront à mener votre vie de façon plus détendue. La pratique régulière des exercices de relaxation vous permettra de diminuer votre degré de tension général et de maîtriser suffisamment bien ces techniques pour pouvoir les appliquer rapidement, dès que vous décèlerez la présence d'une spirale d'inquiétude. Vous apprendrez à détendre vos muscles, à vous créer des images mentales relaxantes et à adopter une respiration qui détend à la fois votre corps et votre esprit. Il vaut mieux essayer toutes ces méthodes et vous entraîner à les appliquer consciencieusement pendant un certain temps avant de décider laquelle vous convient le mieux. Ne soyez pas surprise si une de ces techniques vous donne plus de fil à retordre que les autres.

QUAND LA RELAXATION N'EST PAS INDIQUÉE

La plupart des professionnels, dont le travail porte sur le phénomène de l'anxiété, s'accordent quant au fait que la relaxation ne doit pas être utilisée pour atténuer les sentiments et les sensations de peur que l'on ressent au cours des exercices d'exposition. Ils sont, au contraire, nombreux à penser qu'il est important de connaître la réaction de peur et de la laisser évoluer de façon naturelle, afin de réaliser que la situation dans laquelle vous vous trouvez n'est pas aussi menaçante que vous le pensez. Cela vaut pour tous les exercices présentés au chapitre 5. Essayer désespérément de vous détendre ne fera que jouer en votre défaveur. La relaxation n'est pas un remède miracle qui vous empêche de ressentir des émotions. Il s'agit plutôt d'un paradoxe : plus vous essaierez de vous détendre et moins vous aurez de chances d'y parvenir. Rappelez-vous les moments où vous sentiez que vous aviez absolument besoin de vous détendre. Vos efforts pour y parvenir ont-ils porté leurs fruits ?

Toutefois, il peut être très utile d'appliquer des techniques de relaxation pour faire face au stress et à la pression que nous subissons tout au long de la journée. Lorsque vous éprouverez des difficultés à décider de la pertinence des techniques de relaxation, répondez honnêtement aux questions suivantes :

- Est-ce que je veux me détendre afin de me sentir plus calme et plus centrée sur moi-même et, ainsi, mieux gérer la situation et la vivre pleinement, avec une plus grande ouverture d'esprit ?

- Ou est-ce que j'essaie seulement d'éviter de me retrouver confrontée à des sentiments désagréables liés à ma peur ?

Si vous répondez « oui » à la première question, vous pouvez recourir à la relaxation. Mais si vous répondez « oui » à la deuxième question, il est préférable que vous acceptiez de ressentir cette peur plutôt que d'essayer de l'éviter en faisant appel à la relaxation.

Entraînez-vous à appliquer ces techniques de relaxation de façon quotidienne. Vous serez rapidement en mesure de les utiliser pour retrouver votre calme à n'importe quel moment de la journée, et plus particulièrement lorsque vous repérerez une spirale d'inquiétude.

RESPIREZ LENTEMENT ET PROFONDÉMENT

La respiration est une « aptitude » assez particulière, car nous en avons besoin pour rester en vie. Ainsi, nous respirons automatiquement sans en avoir conscience, par exemple lorsque nous dormons. Mais nous contrôlons en grande partie la façon dont nous respirons lorsque nous sommes éveillés. Parce que la respiration est une aptitude basique et automatique, la plupart des gens prennent l'habitude de respirer d'une certaine façon, à un rythme particulier, sans jamais s'en rendre compte. L'activité physique et les événements stressants peuvent, évidemment, modifier ces façons de respirer pendant une courte durée. Mais certaines personnes ont tendance à respirer à un rythme un peu plus rapide que leur corps ne le nécessite, et elles prennent, aussi, de petites respirations à partir de la poitrine. Il en va particulièrement ainsi chez les personnes anxieuses et inquiètes. Les effets subtils de cette respiration rapide prennent de l'ampleur avec le temps, entraînant ainsi une *hyperventilation* pouvant produire certains effets sur votre corps et votre esprit.

Habituellement, on respire à la fois par la poitrine et par le ventre. La respiration à partir de la poitrine provoque certains effets négatifs sur le corps, tandis que la respiration à partir du ventre produit un effet complètement différent. Une respiration ventrale, lente et profonde s'avère être une technique de relaxation simple mais efficace. Lorsque vous respirez principalement à partir de la poitrine la partie de votre système nerveux, qui augmente votre éveil et votre rythme cardiaque, est stimulée. De plus, ce sont surtout vos muscles qui font le travail. Or, les muscles de votre poitrine n'ont pas été conçus pour respirer, tel qu'il s'agit pour les muscles abdominaux. Les gens qui ne respirent que par la poitrine peuvent ressentir une oppression ou une douleur dans la région de la poitrine, car les muscles qui y sont sollicités se fatiguent.

Inversement, en prenant de profondes respirations à partir de votre ventre, vous stimulez la partie de votre système nerveux qui est liée au ralentissement de l'activité corporelle, ce qui va induire de la détente. Votre rythme cardiaque ralentit et votre système digestif absorbe mieux les aliments. Ce type de respiration fait appel à un muscle abdominal que l'on appelle le *diaphragme*. Il s'agit d'un muscle important, en forme d'arc, situé au bas de votre cage thoracique. Certaines personnes qualifient cette technique de relaxation de *respiration diaphragmatique*, puisque le diaphragme est le muscle le plus efficace pour respirer. Avez-vous déjà vu comment un bébé ou un enfant respire lorsqu'il dort sur le dos ? La respiration part du bas, dans la région du ventre qui se gonflera, et le mouvement est lent, uniforme et continu.

L'objectif de cette technique de relaxation consiste à réapprendre à votre corps cette façon de respirer. Attendez-vous à devoir faire des efforts et mettre votre patience à l'épreuve. Il est possible que la respiration par la poitrine soit un automatisme qu'il vous sera difficile d'abandonner. Si vous vous y entraînez suffisamment, vous pourrez acquérir une nouvelle habitude de respiration abdominale lente et profonde. Vous pouvez également prendre l'habitude de vérifier régulièrement votre respiration et d'adopter, dès lors, une respiration diaphragmatique si vous respirez trop rapidement, pas assez profondément ou de façon saccadée. Enfin, il s'agit d'un moyen formidable d'enrayer les spirales d'inquiétude que vous pourriez repérer lorsque vous effectuez votre surveillance quotidienne.

EXERCICE DE RELAXATION N⁰ 1

Respirez lentement et profondément

1. Posez une main sur la poitrine et l'autre sur le ventre. Respirez normalement. Quelle est la main qui bouge? Les deux bougent-elles? Cette méthode est un moyen facile de vérifier si vous respirez habituellement à partir de la poitrine ou du ventre.

2. Ensuite, essayez de modifier votre respiration pour que seule la main posée sur votre ventre soit celle qui bouge. Essayez de faire en sorte que la main se trouvant sur votre poitrine bouge le moins possible. Imaginez qu'à chaque inspiration, de l'air descende jusqu'au bas de votre ventre qui devrait alors se gonfler. Si vous n'y parvenez pas, sortez légèrement votre ventre juste avant d'inspirer, ce qui créera de l'espace afin que l'air puisse y rentrer. Votre ventre doit être le plus détendu possible. Vous pouvez enlever les mains de votre poitrine et de votre ventre dès que vous maîtrisez cette respiration.

3. Votre respiration doit être régulière et fluide. Laissez l'air entrer graduellement et de façon uniforme à chacune de vos inspirations. Ne laissez pas l'air entrer d'un coup au début de votre inspiration. De même, laissez l'air s'échapper graduellement et de façon régulière lorsque vous expirez. Vous pourriez trouver utile de respirer uniquement par le nez et d'imaginer que l'air s'écoule lentement de votre nez à mesure que vous expirez. Vous pouvez faire une courte pause entre l'inspiration et l'expiration.

4. Mettez en pratique cette technique de respiration au moins une fois par jour, pendant environ dix minutes. L'idéal est une fréquence de deux fois par jour. Effectuez cet exercice en étant confortablement assise ou allongée

et veillez à ne pas être dérangée. La plupart des gens trouvent utile de fermer les yeux pour éviter d'être déconcentrés par l'extérieur.

5. Commencez toujours votre pratique en respirant normalement. Mettez-vous à l'écoute de ce que vous ressentez en respirant ainsi et observez dans quelle mesure vous respirez avec votre poitrine et avec votre ventre. Efforcez-vous, ensuite, d'adopter une respiration abdominale, régulière et fluide.

6. Maintenez une respiration diaphragmatique en respirant à un rythme lent et régulier. Pour la plupart des gens, un rythme de respiration lent est constitué de huit et dix respirations par minute. Faites des essais afin de déterminer quel est le rythme qui vous convient le mieux. Pour ce faire, comptez jusqu'à quatre dans votre tête pour chaque inspiration, puis encore jusqu'à quatre pour l'expiration. Si vous trouvez cela trop long, comptez jusqu'à trois. Continuez à compter vos respirations de cette façon pendant dix minutes.

7. Si votre esprit s'égare pendant que vous effectuez cet exercice, ramenez doucement votre attention sur votre respiration et recommencez à compter. Notez les sensations qui accompagnent cette nouvelle façon de respirer.

DÉTENDEZ VOS MUSCLES

Les techniques de relaxation musculaire existent depuis très longtemps. Dans les années trente, le physiologiste et médecin, Edmund Jacobson, a découvert que ses patients avaient peu de réflexes lorsque leurs muscles squelettiques étaient détendus. L'inverse semblait également être vrai. Avez-vous remarqué que vous êtes plus agitée lorsque vos muscles sont tendus ? Jacobson pensait que de nombreux problèmes dont ses patients souffraient étaient attribuables à de la tension musculaire. Il décida donc d'élaborer un procédé pour enseigner à ses patients comment détendre, de façon consciente et systématique, chacun de leurs muscles. Cette technique de *relaxation progressive* a fait l'objet d'une publication il y a environ 70 ans (Jacobson, 1938). Quelques dizaines d'années plus tard (1973), les psychologues Douglas Bernstein et Thomas Borkovec ont repris le procédé original de Jacobson pour le simplifier et le rendre accessible à tous. Les gens pouvaient donc apprendre, tel qu'avec le procédé initial, à contracter puis à relâcher certains muscles pour les détendre de façon systématique. Cette méthode abrégée a été récemment étoffée et mise à jour (Bernstein, Borkovec et Hazlett-Stevens, 2000). Dans l'exercice suivant, une technique de relaxation musculaire encore plus simple vous sera enseignée.

Quel est l'intérêt de contracter ses muscles avant de les relâcher ? Il est important que vous preniez conscience des sensations de tension musculaire que vous ressentez afin d'apprendre à réduire cette tension pour vous en débarrasser. Chaque jour, nous ressentons un certain degré de tension musculaire. Si certains muscles n'étaient pas suffisamment contractés, nous ne serions même pas en mesure de rester debout ou de tenir notre tête droite. Mais de nombreuses personnes ont pris la mauvaise habitude de contracter certains muscles malgré qu'elles n'en aient pas besoin pour maintenir une certaine posture ou effectuer un mouvement en particulier. D'où qu'une tension musculaire inutile s'est installée au cours de la journée.

Lorsque vous effectuerez ces exercices, vous commencerez par contracter chaque groupe musculaire pour prendre une sorte d'impulsion, ce qui vous aidera à relâcher totalement la tension accumulée. Dès los, votre esprit apprendra à faire la distinction entre ces deux sensations. Avec de l'entraînement, vous parviendrez de mieux en mieux à distinguer les moments où vous ressentirez la plus petite tension de ceux où vous serez totalement détendue. Avec le temps, vous serez capable de passer votre corps en revue afin d'y déceler la présence de tension inutile et la faire disparaître immédiatement, sans avoir à passer par les cycles de contraction et relâchement.

Pour commencer

L'exercice présenté dans cette section vous enseignera à contracter et à relâcher différents groupes musculaires. Vous trouverez, ci-dessous, quelques indications à suivre au cours de vos séances d'entraînement à la détente musculaire.

Mettez-vous à l'aise. Choisissez un endroit de votre maison où vous pouvez vous installer confortablement, par exemple un lit, un sofa ou un fauteuil à bascule, et pratiquer l'exercice sans risquer d'être dérangée. Portez des vêtements amples et confortables. Enlevez votre montre, vos chaussures, vos lunettes, ainsi que les bijoux qui pourraient exercer une pression sur votre corps, tels qu'une bague ou un collier serré. Diminuez l'éclairage dans la pièce.

Limitez les risques d'interruption. Essayez, si possible, de ne pas risquer d'être dérangée par le téléphone ou la sonnette de la porte. Demandez aux personnes vivant avec vous de ne pas vous déranger. Prenez vos précautions, par exemple en allant aux toilettes avant. Il est préférable de n'avoir rien à faire de particulier immédiatement après la séance, pour vous permettre, ainsi, de vous concentrer entièrement sur la relaxation sans vous soucier du moment où vous aurez terminé.

N'en faites pas trop. Chaque fois que vous contractez volontairement un groupe musculaire, vous devriez être en mesure de remarquer une nette différence entre cette contraction et

l'état de relaxation. Cela ne signifie pas que vous devez contracter vos muscles le plus possible. Certains muscles, plus particulièrement ceux des mollets et des pieds, peuvent
facilement souffrir de crampes. La contraction doit être juste
suffisante pour sentir le contraste avec la détente musculaire,
sans forcer exagérément. Si vous souffrez d'un problème
médical lié aux muscles, vous pourriez ne pas être capable de
contracter et de relâcher certains groupes musculaires. Si vous
pensez être concernée par de telles limitations physiques, au
préalable, vérifiez auprès de votre médecin si vous pouvez pratiquer ces exercices de détente musculaire.

Restez immobile. Essayez de ne pas solliciter vos muscles,
surtout après les avoir détendus. Si vous en avez besoin, vous
pouvez bouger pour transférer le poids de votre corps, ou vous
gratter, mais il est préférable d'éviter les mouvements inutiles.

EXERCICE DE RELAXATION N° 2

Relaxation musculaire

Effectuez cet exercice au moins une fois par jour, pendant
quinze à vingt minutes. Encore mieux, en le pratiquant deux
fois par jour, vous progresserez ainsi plus rapidement. Lorsque
vous vous entraînez, travaillez chaque groupe musculaire individuellement dans l'ordre présenté ci-dessous. Voici comment
vous y prendre pour contracter chaque groupe musculaire :

Visage : froncez les sourcils pour contracter votre front, tout
en plissant les yeux et en fronçant le nez. Contractez votre
mâchoire.

Bras, cou et épaules : tendez les bras à l'horizontale et pliez les
coudes. Les poings serrés, exercez une pression vers le bas avec
vos coudes. Vous devriez sentir que vos mains, vos poignets,
vos avant-bras et vos biceps se contractent. Contractez le cou
et la gorge en haussant les épaules.

Poitrine et ventre : contractez les muscles de la poitrine en retenant votre respiration et en rentrant le ventre.

Cuisses : levez légèrement vos jambes tout en essayant, en même temps, de les pousser vers le bas en utilisant les muscles du dessus de la cuisse. Vous devriez sentir une contraction dans les muscles de vos cuisses.

Jambes et pieds : pour créer une contraction dans vos mollets et dans vos pieds, pointez vos orteils, puis étirez-les vers l'arrière. Ne contractez pas ces muscles pendant plus de cinq secondes d'un coup, et faites attention aux crampes.

Vous êtes maintenant prête à commencer. Vous pouvez fermer les yeux si vous le désirez. Suivez les étapes ci-après pour chaque groupe musculaire :

1. Contractez le groupe musculaire pendant sept secondes.

2. Dès que les sept secondes se sont écoulées, relâchez.

3. Examinez en quoi ce que vous ressentez est différent, maintenant que les muscles sont détendus.

4. Profitez de cette sensation pendant 30 à 40 secondes, puis passez au groupe musculaire suivant.

5. Entraînez le même groupe musculaire deux à trois fois au cours de la séance.

Veillez à vous concentrer, tout au long de la séance, sur les sensations physiques qui accompagnent la contraction et la relaxation. Examinez-les consciencieusement et notez ce qui les différencie. Si votre esprit s'égare, ramenez-le à votre séance et aux sensations que vous remarquez dans le groupe musculaire sur lequel vous travaillez.

Ne vous en faites pas si les sensations liées à la relaxation vous semblent nouvelles et inhabituelles. Si vous êtes souvent tendue, quelques séances pourraient être nécessaires pour vous habituer à la sensation de détente. Et ne vous découragez pas si, au début, cette technique de relaxation nécessite beaucoup d'efforts.

Lorsque vous commencez cet exercice, il pourrait vous être difficile de vous rappeler quels groupes musculaires contracter et de quelle façon le faire. Le cas échéant, vous pourriez enregistrer les indications de l'exercice sur cassette, en les lisant lentement. Commencez par lire les indications quant à la façon de contracter le groupe musculaire, attendez sept secondes, puis donnez-vous la consigne de détendre ces muscles pendant 30 à 40 secondes avant de passer au groupe musculaire suivant. Vous pourrez, ensuite, vous laisser guider par votre enregistrement. Assurez-vous simplement de ne pas devenir dépendante, au point d'avoir besoin d'écouter la cassette pour réussir à vous détendre. Dès que vous aurez retenu les instructions, arrêtez d'utiliser l'enregistrement, pour vous assurer, ainsi, d'apprendre à vous relaxer sans nécessiter une cassette audio.

DÉTENDEZ-VOUS GRÂCE À LA VISUALISATION

Nous sommes tous capables d'une représentation mentale. Nous pouvons créer notre réalité (virtuelle) unique sans avoir besoin de matériel particulier! Pourquoi la visualisation (mentale) est-elle aussi importante? Contrairement à la pensée verbale, ce type d'activité mentale est étroitement lié à nos émotions. Avez-vous déjà remarqué que le fait de visualiser une situation éveille des sentiments plus profonds que lorsque vous la verbalisez? C'est pour cette raison que l'on ressent une peur aussi intense lorsque l'on s'imagine une catastrophe. C'est comme si la situation avait réellement lieu ou avait plus de chances de se produire. J'ai une bonne nouvelle pour vous: vous pouvez utiliser cette aptitude afin de visualiser des scénarios agréables qui vous apportent une détente profonde. Essayez d'effectuer l'exercice ci-dessous pour vous imaginer dans un décor relaxant. Avec de l'entraînement, vous aurez besoin de moins en moins de temps pour être absorbée par votre visualisation et atteindre un état de profonde relaxation.

EXERCICE DE RELAXATION N° 3

Visualisez une scène relaxante

1. Imaginez une scène précise qui évoque pour vous des sentiments de paix, de calme, de plaisir et de détente. Il peut s'agir d'un endroit que vous avez visité, d'une contrée lointaine dont vous avez entendu parler à la télévision, ou d'un lieu imaginaire. La plupart des gens pensent à un endroit d'une beauté naturelle et situé en plein air. Il peut s'agir d'une plage, d'un pré verdoyant, d'un champ rempli de vos fleurs préférées, d'une forêt ou d'un désert.

2. Trouvez un endroit où vous pourrez vous allonger ou vous asseoir confortablement, et où vous ne serez pas dérangée pendant environ cinq minutes.

3. Fermez les yeux et pensez à l'image que vous avez choisie. Visualisez votre scène avec le plus de détails possible. Quelles couleurs et quelles images s'offrent à vous?

4. Impliquez le plus possible vos autres sens dans cette imagerie:

    • Quels parfums sentez-vous? Si vous vous imaginez sur une plage, essayez de sentir l'odeur du sel de la mer. Si vous êtes dans une forêt ou en haut d'une montagne, essayez de sentir l'odeur des pins. Si vous êtes dans un pré ou un champ, sentez l'odeur des fleurs ou de l'herbe.

- Quelles sensations ressentez-vous sur votre peau ? La chaleur du soleil ? Une légère brise ?

- Quels bruits entendez-vous ? Le mouvement des vagues ? Le gazouillis des oiseaux ? Le sifflement du vent ?

5. Essayez de vivre votre scène le plus intensément possible. Notez ce que vous ressentez, sur le plan physique, lorsque vous plongez de plus en plus profondément dans un état de relaxation. À la fin des cinq minutes, prenez un moment pour profiter de ce que vous ressentez avant de vous lever et de vaquer à vos occupations. Effectuez cet exercice une fois par jour pendant une semaine au minimum ou aussi souvent que vous disposerez d'un moment pour vous détendre.

APPLIQUEZ VOS CONNAISSANCES EN RELAXATION

Vous connaissez maintenant trois techniques de relaxation qui vous aideront à réduire votre degré de tension général. Une fois que vous vous serez entraînée suffisamment pour les maîtriser, vous serez en mesure de vous détendre chaque fois que vous repérerez une spirale d'inquiétude. Vous pouvez également prendre l'habitude de vous relaxer tout au long de la journée. Au cours de ces courtes pauses, retirez-vous dans un endroit calme pour appliquer une de ces trois techniques de relaxation pendant quelques minutes.

Vous pouvez également détendre vos muscles et adopter une respiration profonde à n'importe quel moment. Essayez d'effectuer les exercices suivants pour vous rappeler de vous relaxer et pour maintenir une certaine détente tout au long de la journée.

EXERCICE DE RELAXATION N° 4

Prenez l'habitude de vous relaxer

1. Pensez à deux ou trois des choses que vous faites habituellement lorsque vous êtes anxieuse :

- Vous vous rongez les ongles ?

- Vous soupirez souvent ?

- Vous êtes agitée et faites certains gestes, par exemple tripoter vos cheveux, taper du doigt sur la table, faire craquer vos articulations ou vous arracher des peaux mortes ?

2. Soyez à l'affût de ces comportements lorsque vous surveillerez votre taux d'anxiété et d'inquiétude tout au long de la journée, tel que vous l'avez appris au chapitre 3. Lorsque vous repérerez ces comportements, remplacez-les par de la relaxation.

Surveillez votre respiration : respirez-vous rapidement ou essentiellement à partir de votre poitrine ? Si tel est votre cas, adoptez une respiration abdominale lente et profonde. Conservez cette respiration diaphragmatique le plus longtemps possible.

Passez votre corps en revue pour y déceler une éventuelle tension musculaire : soyez à l'affût de toute tension musculaire inutile, plus particulièrement dans les groupes musculaires qui ont davantage tendance à être tendus. Relâchez cette tension le plus possible en relaxant les muscles concernés.

EXERCICE DE RELAXATION N° 5

Déterminez des signaux pour vous rappeler de vous relaxer

1. Chaque journée contient des douzaines de situations pendant lesquelles vous pouvez vous relaxer, même si celles-ci ne sont pas flagrantes. L'astuce est de planifier pour être en mesure de les repérer. En voici quelques exemples :

   - Faire la queue à un magasin ou à la banque

   - Être dans votre voiture, à un feu rouge

   - Regarder une publicité à la télévision

   - Attendre que votre ordinateur redémarre

   - Attendre que l'eau de la bouilloire arrive à ébullition

   - Marcher jusqu'à votre voiture

   - Attendre vos enfants à l'école

2. Choisissez deux ou trois situations qui vous conviennent le mieux. Chaque fois que vous vous retrouverez dans une de ces situations, pensez à vous détendre. Suivez les mêmes étapes que celles qui ont été présentées à l'exercice précédent : vérifiez votre respiration et adoptez une respiration abdominale lente et profonde. Passez ensuite votre corps en revue pour y déceler une tension musculaire inutile et débarrassez-vous-en grâce à la relaxation.

CHAPITRE 7

Concentrez-vous
sur le moment présent

POURQUOI SE CONCENTRER
SUR LE MOMENT PRÉSENT ?

Il existe de nombreux avantages à être attentive à ce qui se passe en vous et autour de vous, sur le moment. Le présent est la seule chose qui existe réellement – le futur ne s'est pas encore produit et le passé est révolu. Le moment présent est une fenêtre ouverte sur ce qui se passe réellement pour vous, ici et maintenant. En observant comment vous vous sentez par rapport à quelque chose, il vous sera plus facile de faire ce qui est bon pour vous. En considérant tout ce qui se passe autour de vous, vous pourrez réagir à la réalité de ce que vous vivez à mesure que les événements se produiront, ce qui n'a rien à voir avec une réaction automatique, basée sur des suppositions et des habitudes que nous avons acquises par le passé.

Mais quel est donc le rapport entre l'inquiétude et le fait de se concentrer sur le moment présent ? Il se trouve que les deux sont incompatibles. L'inquiétude implique que nos pensées s'intéressent à des choses qui pourraient survenir ou qui sont survenues, ce qui, forcément, vous empêche de vivre pleinement le moment présent. Vous ne pouvez pas vivre complètement dans le présent si vous pensez à l'avenir ou au passé. Lorsque vous vous inquiétez, au moins une partie de votre attention est occupée à interpréter des événements passés ou à imaginer des scénarios futurs. Ainsi, vous pouvez passer à côté d'informations importantes provenant de votre environnement qui, lui, est bien réel et se présente à vous en cet instant précis. Non seulement risquez-vous de rater le plaisir et l'excitation dont ce moment peut être porteur, mais en outre, en ignorant ce qui se passe en vous et autour de vous, vous pouvez passer à côté d'éléments importants qui auraient pu vous guider quant au bon comportement à adopter. Vous rappelez-vous avoir vécu une telle situation ?

QU'EST-CE QUE LA CONSCIENTISATION ?

Notre esprit a tendance à vagabonder dans le passé ou dans le futur, quel que soit notre degré d'inquiétude habituel. C'est là une tendance naturelle, probablement attribuable à notre besoin d'évaluer le passé et d'anticiper l'avenir. Mais en faisant un effort pour vivre dans le présent et être consciente des errements de votre esprit, vous parviendrez à diminuer considérablement l'apparition des spirales d'inquiétude. Lorsque vous portez volontairement attention à ce que vous vivez dans le présent, vous prenez également conscience de vos réactions automatiques. On fait souvent référence à cette façon de vivre le présent volontairement et attentivement par le terme *conscientisation*.

L'intérêt de vous entraîner à cet état de conscientisation est de ramener votre attention au moment présent, et ce, chaque fois que vous observez votre esprit s'en détourner. Vous avez déjà commencé à y travailler grâce aux techniques de relaxation présentées au chapitre précédent. Cependant, la conscientisation implique davantage qu'une simple focalisation sur le moment présent. Elle nécessite également que vous soyez patiente avec vous-même tout au long du processus et que vous acceptiez de vivre le moment présent le plus pleinement possible. À mesure que vous prendrez conscience de vos pensées, de vos sentiments et de vos sensations physiques, entraînez-vous également à *ne pas* réagir. Nous avons tendance à juger instantanément les expériences comme étant bonnes ou mauvaises et à repousser les mauvaises en s'accrochant aux bonnes. Les deux objectifs de la conscientisation sont la pleine conscience du moment présent et l'acceptation de toutes les expériences, plutôt que le jugement. Vous pouvez également vous entraîner à ramener votre esprit dans le présent chaque fois que vous constaterez la présence d'une spirale d'inquiétude, ce qui pourra contribuer à y mettre fin.

Entraînez-vous à la conscientisation à l'aide des exercices présentés dans ce chapitre. Si vous voulez en apprendre davantage sur le sujet et connaître d'autres façons de développer cette aptitude, reportez-vous à la section *Ressources*. Vous pourriez même décider de prendre des cours de yoga ou de méditation pour vous y aider.

EFFECTUEZ LES TÂCHES LES PLUS ANODINES AVEC CONSCIENCE

Un bon moyen de s'entraîner à la conscientisation est de réserver toute son attention aux activités les plus banales et les plus simples que vous pratiquez chaque jour. Il s'agit d'un bon point de départ étant donné que ces activités anodines ont acquis un caractère très automatique. Vous rappelez-vous de la dernière fois où vous avez accordé toute votre attention à des tâches telles que vous laver les dents, prendre une douche ou faire la vaisselle ? Vous devrez probablement remonter à votre enfance, au moment où vous appreniez à faire ces choses. Chacune de ces activités occasionne une grande variété de sensations physiques et de mouvements auxquels nous ne portons plus réellement attention.

Il est parfois efficace d'effectuer certaines activités routinières de façon automatique pour libérer notre esprit, afin de porter notre attention sur la résolution de problèmes complexes et sur la pensée créative. Mais être constamment en mode « multitâches » n'est pas gratuit. Lorsque vous agissez de façon automatique, vous donnez la possibilité aux habitudes indésirables, telles les spirales d'inquiétude, de devenir également automatiques. Il devient alors de plus en plus difficile de ralentir et d'être consciente du moment présent.

EXERCICE « MOMENT PRÉSENT » N° 1

Tâches quotidiennes

1. Pensez à une activité routinière que vous effectuez chaque jour, par exemple vous brosser les dents, prendre une douche, faire la vaisselle ou vous laver le visage.

2. Au cours de la semaine qui vient, prenez soin d'effectuer cette tâche consciencieusement. Faites un effort délibéré pour être consciente de chaque instant, même lors des étapes les plus insignifiantes de l'activité. Tout au long de cette activité, portez attention à toutes les sensations physiques reliées au toucher, à l'odeur, à l'ouïe, à la vue et au goût. Le but de cet exercice est de vous concentrer sur ce que vous faites à ce moment.

3. Ressentez chaque nuance de cette activité. Si vous avez choisi de vous concentrer sur le brossage de vos dents, ressentez le contact des poils de la brosse à dents contre vos dents et vos gencives, le goût du dentifrice et la sensation de l'eau qui éclabousse votre palais. Si vous avez choisi de

vous concentrer sur la vaisselle, remarquez les sensations que vous procure le fait d'avoir les mains dans l'eau et ressentez la température de l'eau, l'odeur du produit à vaisselle et la texture de la mousse. Tel que vous pouvez déjà le remarquer, la conscientisation n'a rien de fantaisiste ou de mystérieux. Il s'agit simplement d'une habitude de vie différente que vous pouvez adopter en tout temps, en choisissant de porter attention au moment présent, quelle que soit l'activité que vous effectuez.

4. Comme tel est le cas pour tous les exercices de conscientisation, revenez le plus possible dans le moment présent dès que vous remarquez que votre esprit vagabonde. Prendre conscience du fait que votre esprit s'est égaré et le ramener dans le moment présent est tout aussi important que de rester concentrée sur votre activité.

MANGEZ AVEC CONSCIENCE

Manger est une autre activité quotidienne que la plupart des gens effectuent de façon automatique sans vraiment lui accorder d'attention. Quand avez-vous, pour la dernière fois, ralenti suffisamment pour véritablement goûter les aliments que vous mangiez ? Il nous est évidemment indispensable de manger régulièrement pour rester en vie, ce qui facilite l'installation d'automatismes. Le prochain exercice vous montrera comment vous entraîner à manger lentement et intentionnellement, en observant les moindres détails relativement à l'aspect, à l'odeur et au goût des aliments. Étant donné que nous mangeons rarement avec conscience, cet exercice peut sembler étrange. Si le fait de manger avec conscience vous pose un problème ou si vous trouvez cet exercice particulièrement utile, je vous suggère de lire *Eating Mindfully* de Susan Albers (voir la section *Ressources*).

EXERCICE « MOMENT PRÉSENT » Nº 2

Mangez avec conscience

1. Choisissez un repas en particulier ou un moment précis de la journée où vous mangez une collation.

2. Asseyez-vous et mangez votre repas ou collation à un endroit où vous pourrez vous concentrer sur ce que vous ressentez sans risquer d'être interrompue. Assurez-vous que votre télévision ou votre radio est éteinte.

3. Avant de porter la nourriture à votre bouche, prenez le temps de l'observer attentivement, comme si vous la voyiez pour la première fois. Tout en remarquant les nuances de couleurs et les textures, concentrez-vous sur les odeurs. Prenez conscience de vos pensées et de vos sentiments à l'égard de cette nourriture. Portez attention aux sensations physiques de faim ou de satiété.

4. Prenez le temps de manger lentement et d'observer l'apparence et l'arôme de chaque bouchée avant de la manger. Ensuite, concentrez-vous sur le goût de la nourriture et sur ce que vous ressentez dans la région de la bouche et avalez votre bouchée lorsque vous aurez décidé consciemment que vous êtes prête à le faire. Quelles sensations la texture de la nourriture laisse-t-elle sur votre langue ? Que ressentez-vous lorsque vous l'avalez ?

5. Lorsque vous observerez les pensées, les sentiments et les sensations qui accompagnent cet exercice, portez également attention au jugement que votre esprit peut porter sur ce que vous vivez. Si vous remarquez que votre esprit s'éloigne du moment présent, notez simplement la teneur de vos pensées en essayant de ne pas les juger de quelque façon que ce soit, et ramenez votre esprit à l'activité en cours.

6. En quoi cette façon de manger est-elle différente de vos habitudes ? Mettez-vous au défi de faire cet exercice au moins une fois par jour. Ne soyez pas découragée si cette expérience vous semble quelque peu inhabituelle. Vous pourriez avoir besoin de quelques jours ou même de quelques semaines pour réussir à le faire de façon naturelle.

RESPIREZ AVEC CONSCIENCE

Respirer est une des activités les plus fondamentales qui existent. Par chance, notre corps est programmé pour respirer automatiquement afin de nous maintenir en vie. Mais cela implique que nous sommes rarement conscients de notre respiration. Au chapitre 6, vous vous êtes mise à l'écoute de vos habitudes de respiration et vous avez appris à respirer d'une façon relaxante. Le but du prochain exercice n'est pas tant de modifier vos habitudes que d'être pleinement *présente* à cette simple activité, celle de *respirer*. Les mouvements et les sensations associés à la respiration peuvent devenir un point de focalisation important pour votre esprit lorsque vous vous entraînerez à la respiration consciente.

EXERCICE « MOMENT PRÉSENT » N° 3

Respirez avec conscience

1. Trouvez un endroit où vous pouvez être confortablement assise, en ayant le dos bien droit, ou allongée sur le dos. Éloignez-vous de tout ce qui pourrait vous distraire, tel que le téléphone, la télévision ou les autres personnes.

2. En fermant les yeux, concentrez toute votre attention sur votre respiration. Sentez l'air qui pénètre dans votre corps lorsque vous inspirez et suivez sa progression vers votre ventre. Sentez votre ventre se gonfler et sentez-le se vider lorsque vous expirez.

3.   Votre esprit risque probablement de s'éloigner du moment présent lorsque vous tenterez de rester concentrée sur chaque inspiration et expiration. Lorsque cela se produira, rappelez doucement votre conscience à votre respiration.

4.   Lorsque les gens pratiquent cet exercice pour la première fois, ils s'inquiètent souvent de le faire « correctement ». Ils sont surpris de voir qu'ils doivent seulement rester assis et observer leur respiration! Cet exercice est à la fois très simple et compliqué. Nous sommes tellement habitués à « faire » quelque chose en permanence qu'il semble étrange de prendre le temps d'être simplement assis. Mais le simple fait de prendre, chaque jour, le temps de vous concentrer sur votre respiration, sans l'avoir décidé à l'avance, peut être très utile.

5.   Entraînez-vous à respirer consciemment de cette façon pendant au moins dix minutes par jour, pendant une semaine complète, et observez ce qui se passe. Avec de l'entraînement, vous serez en mesure de surveiller votre respiration à n'importe quel moment de la journée afin d'être mieux ancrée dans le moment présent.

PRATIQUEZ VOS LOISIRS AVEC CONSCIENCE

Lorsque vous menez une vie trépidante et que vous vous sentez débordée, le temps libre devient un luxe. Pourtant, il est important pour votre corps et pour votre esprit de prendre, de temps en temps, un moment pour pratiquer une activité qui vous plaît. Qu'appréciez-vous le plus? L'art? La musique? Le jardinage, le golf, la cuisine ou encore le piano? Offrez-vous la possibilité d'avoir des loisirs même si vous disposez de peu de temps. Lorsque vous effectuerez votre activité, entraînez-vous à la conscientisation en ressentant chaque moment aussi intensément que possible et en vous mettant à l'écoute des sensations et des mouvements impliqués.

EXERCICE « MOMENT PRÉSENT » N° 4

Loisirs

1. Choisissez une activité qui vous plaît et que vous aurez la possibilité de pratiquer au cours de la semaine prochaine. Si vous n'avez pas d'idée en particulier, choisissez votre morceau de musique préféré. Écouter ce morceau sera votre loisir jusqu'à ce que vous ayez d'autres idées.

2. Chaque fois que vous effectuerez cette activité, ressentez chaque moment qui passe comme vous l'avez fait pour les exercices précédents, axés sur le moment présent. Plongez-vous le plus possible dans cette activité. Efforcez-vous de rendre chaque mouvement conscient et délibéré. Tenez compte de tout ce que vous voyez, sentez, entendez et ressentez.

3. Si vous remarquez que votre esprit s'égare, ramenez-le doucement au moment présent.

VAINCRE
DES INQUIÉTUDES PRÉCISES

CHAPITRE 8

Inquiétudes liées à l'aspect relationnel

INQUIÉTUDES LIÉES À L'ASPECT RELATIONNEL

Les relations et l'interaction sociales sont les sujets d'inquiétude les plus courants, même pour les personnes qui ne souffrent pas d'inquiétude chronique (Roemer, Molina et Borkovec, 1997). Cela ne vous surprend probablement pas. Après tout, les êtres humains que nous sommes sont des animaux socialisés. Nous vivons dans un monde où l'interaction est essentielle et nous sommes vraiment influencés par la colère ou les jugements négatifs des autres. De plus, personne n'a le pouvoir de lire dans les pensées des autres et de savoir ce qu'ils ressentent ou pensent, ce qui, d'ailleurs, peut entraîner une certaine confusion au sein de nos échanges interpersonnels.

Les inquiétudes liées à l'aspect relationnel portent souvent sur la peur d'une désapprobation ou d'un rejet. Elles peuvent également naître d'une volonté de faire plaisir aux autres ou de prendre soin de son entourage. Il arrive que ce genre d'inquiétude pousse à éviter certaines situations sociales, plus particulièrement celles impliquant la possibilité d'un jugement ou d'une évaluation de votre personne. Il existe des comportements d'évitement plus subtils, par exemple accepter de satisfaire des demandes exigeantes, ne pas s'affirmer et ne pas dire aux autres ce que l'on veut et ce que l'on ressent. Les inquiétudes liées à l'aspect relationnel et le comportement d'évitement social peuvent exister au sein de relations que vous entretenez avec différentes personnes, telles que vos collègues et votre patron, votre conjoint, votre famille et vos amis.

Il peut être très délicat de comprendre les inquiétudes liées à l'aspect relationnel. En effet, certains comportements que vous adoptez lorsque vous traversez une spirale d'inquiétude portent atteinte à la qualité même de la relation. Il est très difficile de ne pas s'accrocher à ces inquiétudes, car elles contiennent une part de vérité. Pour certains, exprimer son inquiétude est le meilleur moyen de dire aux autres que l'on s'intéresse à eux. Avec le temps, ces personnes ne parviennent plus à exprimer leur amour d'une autre façon. L'histoire d'Anne en est un bon exemple.

Anne : repousser involontairement les autres

Anne, qui était une femme mariée âgée de 45 ans et mère de deux adolescents, travaillait à temps partiel comme assistante juridique dans un petit cabinet d'avocats. Elle s'investissait beaucoup dans l'association parents-professeurs du collège et elle travaillait bénévolement dans un centre communautaire de ressources pour les femmes. Anne aimait s'impliquer dans la vie de sa communauté et dans l'éducation de ses enfants, mais elle s'inquiétait en permanence pour les autres. Lorsqu'elle discutait avec son mari, ses fils ou ses amis, elle dépensait beaucoup d'énergie à rechercher chez ses interlocuteurs des éléments qui pourraient lui révéler comment ils se sentaient réellement. Par intérêt pour leur bien-être, elle ne cessait de leur poser des questions pour s'assurer qu'ils allaient bien. Anne leur parlait ouvertement de ses inquiétudes, et elle essayait souvent de deviner dans quelle mesure ils pourraient faire face aux déceptions que la vie pourrait leur infliger.

Un jour, Anne remarqua que son mari et ses amis avaient tendance à s'éloigner d'elle ; elle découvrit qu'un groupe d'amies sortait sans elle. Son mari, quant à lui, prenait moins les devants dans leur vie sexuelle, et lorsqu'il rentrait du travail, il n'éprouvait plus la même hâte de lui raconter sa journée. Ses fils la trouvaient de plus en plus énervante, et elle avait la sensation de ne rien pouvoir leur dire sans qu'ils lèvent les yeux au ciel. Anne se trouva rapidement submergée par des inquiétudes : « Pourquoi mes fils n'apprécient pas tout ce que je fais pour eux ? », « Pourquoi mes amies m'ont-elles rejetée de cette façon ? », « Est-ce que mon mari m'aime encore ? », « Peut-être qu'il me trompe », « Et s'il demandait le divorce ? ».

Lorsque ses inquiétudes commencèrent à se transformer en spirale, Anna chercha à se faire rassurer par son entourage. Au cours d'une même soirée, elle demandait dix fois à son mari s'il l'aimait. Elle appelait ses amis deux fois par jour pour s'assurer qu'ils ne l'oublieraient pas lors de leur prochaine sortie pour prendre un café. Anne se sentait également de plus en plus découragée face au comportement de ses fils. Il lui semblait qu'ils ne l'appréciaient et ne la respectaient plus. Un soir, alors qu'ils revenaient en retard de chez un ami, elle leur cria après comme elle ne l'avait jamais fait.

Lorsqu'elle sentit qu'elle avait atteint son seuil de tolérance, Anne décida de mettre fin à cette situation. Elle apprit à examiner ses inquiétudes relationnelles de façon objective et systématique. Elle réalisa qu'elle se sous-estimait et qu'elle sous-estimait les autres, et que ce comportement lui avait fait perdre confiance en elle et avait éloigné ses proches. Anne comprit qu'elle avait tendance à interpréter la moindre nuance et expression faciale de son interlocuteur comme étant un signe que quelque chose allait mal, ce qui l'empêchait d'entendre réellement ce que l'autre avait à lui dire. D'autre part, cette tendance à interpréter les choses la poussait à s'imaginer qu'elle décevait son entourage et qu'elle était victime de leur désapprobation. Anne ressentait alors de la rancune, de la solitude et de la peine, comme si personne ne pouvait vraiment la comprendre.

Anne prit donc son courage à deux mains pour instaurer un dialogue avec son mari. Un soir, alors qu'elle ressentait une fois de plus le besoin de lui demander s'il l'aimait, elle décida plutôt de s'ouvrir à lui pour lui faire part de ses peurs. Elle l'interrogea sur ce qu'il ressentait par rapport à leur couple et sur la façon dont ses inquiétudes l'affectaient. Bien qu'il commença d'abord par répondre aux questions d'Anne dans le but de la rassurer, son mari finit rapidement par lui confier que leur relation d'*avant* lui manquait. Anne écouta attentivement son mari lui décrire les répercussions que son comportement avait sur lui, et elle fut surprise d'entendre qu'il se sentait aussi seul qu'elle.

Anne appliqua cette nouvelle approche à ses autres relations et elle s'efforça de rester concentrée sur le moment présent lorsqu'elle avait une conversation avec ses amis et ses fils. Elle ne chercha plus à être rassurée par ses proches et à vérifier constamment que son entourage allait bien. Elle élabora une *échelle d'exposition* et commença à affronter progressivement d'autres situations interpersonnelles. En examinant les inquiétudes qu'elle entretenait sur le plan relationnel, elle détermina quelles croyances lui étaient utiles en matière de relations et lesquelles ne l'étaient pas. Au lieu d'attendre un geste de reconnaissance de ses fils, elle prit des mesures pour prendre davantage soin d'elle-même et se récompenser.

Si vos inquiétudes portent sur votre vie relationnelle ou sur des situations sociales, l'histoire d'Anne devrait vous sembler familière. Mais ce n'est pas forcément le cas, puisque les inquiétudes liées à l'aspect relationnel de notre vie, et le comportement qui en découle, peuvent varier considérablement d'une personne à l'autre. Anne était ouvertement très axée sur l'aspect social de sa vie et elle exprimait facilement ses inquiétudes. Mais il est possible que vous soyez plus timide et que vous redoutiez de rencontrer de nouvelles personnes. Nombre d'inquiets chroniques redoutent et évitent toutes sortes de situations sociales. Ils s'en font pour ce que les autres pensent d'eux et s'inquiètent de faire ou de dire quelque chose d'embarrassant. On fait référence à ce type précis d'anxiété et d'inquiétude par les termes *anxiété sociale* ou *phobie sociale*. Si vous pensez qu'une timidité extrême ou que de l'anxiété sociale peuvent jouer un rôle dans vos inquiétudes sur le plan relationnel, utilisez ce chapitre pour mettre en pratique les stratégies présentées dans la deuxième partie. Si vous désirez obtenir une aide supplémentaire relativement à ce problème précis, reportez-vous aux ressources complémentaires présentées à la fin de ce livre.

Quelle que soit la nature de votre inquiétude sur le plan relationnel, ce chapitre vous aidera à l'examiner attentivement afin de la voir sous un angle différent, à déterminer des façons précises d'affronter vos peurs, et à appliquer vos aptitudes en matière de relaxation et de conscientisation à ce domaine de votre vie. Vous pouvez même photocopier le tableau présenté à la fin de ce chapitre pour le garder toujours en votre possession et vous en servir pour appliquer les stratégies suivantes, lorsque vos inquiétudes porteront sur votre vie relationnelle.

ADOPTEZ UN NOUVEAU POINT DE VUE

Au chapitre 4, vous avez appris à franchir cinq étapes précises pour examiner attentivement vos inquiétudes et les observer sous un angle différent. Vous aviez d'abord une vague inquiétude et en avez tiré une prévision ou une interprétation concrète et précise (« Faites preuve de précision »), puis vous avez envisagé d'autres possibilités (« Trouvez des solutions de remplacement ») et examiné la vraisemblance de votre pensée anxieuse et de votre solution de remplacement (« Cherchez des preuves »). Vous avez ensuite appris à porter un regard honnête sur ce qui se produirait si votre pensée anxieuse était exacte et sur la façon dont vous feriez face à la situation (« Imaginez que le pire est arrivé »). Enfin, vous avez trouvé un nouveau point de vue plus équilibré et flexible mais, néanmoins, moins stressant que votre pensée anxieuse initiale (« Explorer de nouveaux points de vue »). Voici quelques suggestions que vous pourriez trouver particulièrement utiles lorsque vous vous entraînerez à mettre en perspective vos inquiétudes liées au *relationnel*.

Première étape : Faites preuve de précision

Lorsque vous vous efforcerez de faire preuve d'un maximum de précision, transformez votre vague inquiétude, liée à l'aspect relationnel, en une interprétation ou une prévision très concrète. Il pourrait s'agir de l'interprétation précise que vous faites de ce que pense une personne de votre entourage ou d'une prévision au sujet de la façon dont quelqu'un pourrait réagir à une situation ou à un événement particulier. Soyez à l'affût des étiquettes et des termes stéréotypés. Par exemple, si vous prévoyez que quelqu'un va « se comporter comme un crétin » ou « être méchant » avec vous, que prévoyez-vous exactement ? De quelle façon cette personne va-t-elle se comporter afin que quelqu'un d'extérieur puisse vérifier si votre prévision était exacte ?

Deuxième étape : Trouvez des solutions de remplacement

Lorsque vous envisagerez d'autres interprétations ou issues possibles, efforcez-vous de déterminer plusieurs façons dont *vous* pourriez réagir à la situation. Les inquiétudes qui portent sur notre vie relationnelle et sur notre environnement concernent souvent ce qu'une autre personne peut penser, ressentir ou faire ; ce qui entraîne parfois une sensation d'impuissance, comme si l'autre avait un contrôle total sur la façon dont vous interagissez ou même sur l'ensemble de votre relation. Vous n'en aurez que plus de difficultés à vous apercevoir de votre propre contribution à cet échange social et à réaliser que vous avez le pouvoir de changer les choses.

Troisième étape : Cherchez des preuves

Examinez attentivement comment vous en êtes arrivée à votre conclusion relativement à cette situation interpersonnelle :

- Pensez-vous que votre interprétation ou votre prévision est exacte parce qu'elle vous semble l'être ?

- Émettez-vous des jugements hâtifs sur ce qu'une personne peut penser ou ressentir ?

- Êtes-vous persuadée que la seule possibilité qui s'offre à vous est celle que vous percevez ?

- Quels éléments de votre expérience passée pourraient infirmer votre conclusion ?

Certaines personnes font l'erreur de croire que, dans une situation précise, tout le monde doit penser, réagir et se sentir de la même façon qu'elles. Mais ce genre d'attente se fonde rarement sur des preuves concrètes. Tenez-vous-en aux faits et à ce qui s'est réellement passé. Si vous réalisez que vous disposez de peu de preuves, efforcez-vous de vous en souvenir. Au lieu de ressasser vos inquiétudes, attendez de voir comment les choses évoluent en réalité.

Que se passerait-il si vous examiniez avec attention la présence de preuves et que vous arriviez à la conclusion que ce que vous redoutez a de fortes chances de se produire ? Qu'adviendrait-il si ce que vous avez prévu était, en fait, d'un grand réalisme ? Lorsque vous cherchez des preuves, il est également important d'examiner votre propre contribution à la situation d'interaction en question. Il est possible que les attentes que vous nourrissez par rapport aux autres soient ce qui rend l'issue redoutée plus vraisemblable. Les inquiétudes que nous entretenons relativement à notre vie relationnelle ne sont pas toujours le résultat de conclusions hâtives. Elles peuvent également être le reflet d'attentes dissimulées et irréalistes sur la façon dont les autres devraient réagir. De nombreuses personnes ont une idée très précise de la façon dont les relations doivent s'organiser. Il arrive que ce genre d'idée soit utile, mais il n'en est pas toujours ainsi. Par exemple, il est très raisonnable de s'attendre à ce que vos proches vous traitent avec un certain respect. Mais il pourrait être utile d'examiner de plus près les autres convictions personnelles ou les règles relationnelles qui pourraient vous prédisposer à la déception, par exemple le fait de vouloir changer les autres, de ne pas demander ce que vous voulez, de prendre soin des autres et non de vous-même, de vous demander à qui vous en prendre ou de vouloir avoir raison dans toutes les situations.

Arrêtez de vouloir changer les autres

Certaines personnes sont intimement convaincues qu'elles ont le pouvoir de faire changer leur entourage. Elles pensent à tort que si elles exercent une pression suffisante sur l'autre et si elles ne se laissent pas décourager, elles lui permettront d'y voir clair et de changer. Mais il est quand même raisonnable de penser que l'on peut avoir une influence sur les autres. Si vous leur parlez de ce que vous voulez ou de ce dont vous avez besoin, ils seront souvent désireux de vous faire plaisir. Mais les chances pour que vos amis, votre conjoint ou vos parents modifient des habitudes de longue date à cause de vous sont probablement très minces. Il est possible que votre entourage cède momentanément si vous lui faites subir une certaine pression. Mais le ressentiment risque alors de s'installer rapidement des deux côtés, ce qui ne fera qu'accroître vos divergences. Pour toutes ces raisons, s'attendre à ce que les autres changent vous prédispose à une certaine déception. En bout de ligne, chaque adulte est responsable de lui-même.

Heureusement, votre bonheur et votre bien-être n'ont pas à dépendre des choix de quelqu'un d'autre. Vous pouvez prendre vos propres décisions quant à ce que vous voulez faire, au lieu de vous focaliser sur ce que vous attendez d'une personne extérieure. Au lieu de vous concentrer sur ce que vous voudriez changer chez les autres, assumez votre propre comportement. Apportez à votre vie les changements qui vous semblent importants.

Demandez ce que vous voulez

Il est tentant d'envisager les relations personnelles comme s'il s'agissait de contrats juridiques. Cependant, chaque personne dispose d'un point de vue unilatéral sur la façon dont son interlocuteur devrait mener ses affaires. Ainsi, les deux personnes concernées élaborent des hypothèses différentes sur la façon dont les choses devraient se dérouler, et elles ont une définition différente de ce qui est juste : « Si mon mari s'intéressait vraiment à moi, il me proposerait de faire une lessive samedi », « Si Amy était une véritable amie, elle me proposerait plus souvent de manger avec elle », « Si j'étais vraiment importante aux yeux de mes parents, ils m'appelleraient au lieu d'attendre que ce soit moi qui le fassc ».

Si vous avez la sensation d'être traitée injustement par une personne, examinez attentivement ce que vous attendez d'elle. Attardez-vous sur ce que vous voulez au lieu de vous demander si l'autre est juste à votre endroit. Ainsi, vous serez obligée d'exprimer vos préférences et vos désirs personnels de façon claire et directe. Vous éviterez également que la rancœur et les sentiments désagréables ne s'installent. Il est évidemment possible que votre interlocuteur choisisse de ne pas répondre à votre demande. Dans une telle situation, ce sera à vous de vous interroger sur la façon dont vous voulez gérer la situation.

Prenez soin de vous et pas seulement des autres

Avez-vous souvent la sensation que vos sacrifices ne sont pas appréciés à leur juste valeur ? Nombreuses sont les femmes qui occupent une bonne partie de leur vie à s'occuper des autres. Même si vous n'avez pas d'enfants, vous occupez peut-être un poste qui nécessite que vous preniez soin des autres. Pour de nombreuses personnes, le fait de prendre soin de ses proches et de les aider est très naturel. D'autant que prendre soin des autres nous donne la sensation de faire preuve d'humanité et d'appartenir à quelque chose de plus grand que nous-mêmes. Mais l'altruisme peut laisser un goût amer s'il vous incite à vous oublier. Lorsque les gens prennent conscience des sacrifices qu'ils accomplissent, ils attendent d'emblée une reconnaissance, une récompense et l'appréciation des autres. La plupart du temps, ils ne sont pas conscients de leurs attentes. Ils remarquent seulement qu'ils deviennent de plus en plus amers et emplis de ressentiment, et qu'ils attendent quelque chose qui semble ne jamais vouloir arriver.

Au lieu de souffrir par souci des autres, trouvez des moyens de vous récompenser. Arrêtez d'assumer des responsabilités qui ne vous apportent au bout du compte que de la rancœur. Prenez des mesures pour prendre soin de vous-même comme vous prenez soin des autres. Vous allez déjà dans ce sens en lisant ce livre ! Si vous ressentez de la rancœur, rappelez-vous que vous être la seule personne sur laquelle vous pouvez vous fier pour prendre soin de vous. Personne n'est plus responsable de votre santé et de votre bien-être que vous ne l'êtes. En somme, il s'agit d'une situation où tout le monde y gagne : plus vous prendrez soin de vous, mieux vous serez capable de prendre soin des autres.

Ne perdez pas votre temps à chercher un responsable

Lorsque les gens sont déçus ou blessés par une relation, ils ont tendance à chercher un responsable. Ils se retrouvent emprisonnés par leur volonté de s'en prendre à quelqu'un et de trouver la personne responsable de leur situation ou de leurs sentiments. En vous en prenant à une personne extérieure, vous ne pouvez, ainsi, prendre conscience de votre rôle dans cette situation. Mais en vous en prenant à vous-même, vous générez des pensées autodestructrices et vous n'êtes pas en mesure de reconnaître que l'autre est responsable de ses choix et de son comportement.

Une façon d'éviter ces pièges consiste à assumer la responsabilité de vos besoins et de faire vos propres choix. Vous responsabiliser ne signifie en aucun cas qu'il vous faut vous en prendre à vous-même. En vous responsabilisant, vous êtes en mesure d'accepter les conséquences de vos actions sans pour autant vous culpabiliser.

Il n'est pas nécessaire que vous ayez toujours raison

Vous arrive-t-il d'être sur la défensive ? Dans certaines situations interpersonnelles, les gens pensent qu'ils doivent prouver aux autres qui ils sont. Le désir de donner la bonne réponse et de prouver que votre point de vue est le meilleur peut être grisant, mais il empêche de voir au-delà de vos opinions et d'accepter des informations qui proviennent de votre entourage. De plus, il crée une barrière entre vous et votre interlocuteur.

Si vous vous retrouvez dans une telle situation, pensez à prendre du recul et à écouter l'autre. Ne vous contentez pas de préparer une brillante répartie pendant que l'autre vous parle. Écoutez réellement et de façon active, dans le but de comprendre l'autre du mieux que vous le pouvez. Vous ne perdez rien à envisager que le point de vue de votre interlocuteur puisse être valable, pas plus qu'à changer d'avis. Avoir le courage d'admettre que vous avez tort peut être réellement bénéfique pour votre vie relationnelle.

Quatrième étape : Imaginez que le pire est arrivé

Maintenant que vous avez examiné avec attention les preuves ainsi que vos attentes sur le plan relationnel, interrogez-vous quant à l'importance de ce qui se passerait si votre pensée anxieuse s'avérait exacte : que se passera-t-il si la personne ne vous aime pas et a une mauvaise opinion de vous ? Si votre ami, conjoint ou parent est en colère contre vous ? Si votre amoureux du rendez-vous d'hier soir ne désire pas vous revoir une deuxième fois ?

- Que se passerait-il exactement ensuite ?
- Quelles mesures concrètes prendriez-vous pour affronter la situation ?
- Que cela vous apprend sur vous en tant que personne ?

Si vous vous attendez à pouvoir faire plaisir à tout le monde en permanence ou à ne jamais vous sentir gênée, vous n'êtes pas au bout de vos peines ! Portez un regard honnête sur l'importance que revêt, pour vous, l'approbation de votre entourage. Bien sûr, il est utile d'impressionner son entourage, et votre capacité à vous adapter aux autres vous aidera dans certaines situations personnelles et professionnelles. Mais vous ne gagnerez pas chaque fois. C'est la raison pour laquelle il est utile de vous interroger sur la façon dont vous vous y prendriez pour faire face à ce genre de situation. Rappelez-vous que toutes les émotions – même la peine et la gêne – sont passagères. Si vous vous retrouvez dans une situation gênante face à d'autres personnes, combien de temps durera cette gêne ? Que ressentirez-vous à cet égard le lendemain, la semaine d'après ou l'année suivante ? Est-ce qu'elle sera toujours aussi importante à ce moment-là ?

Il est possible que vos inquiétudes concernent les relations que vous entretenez avec des personnes très proches. Lorsque nous faisons face à la possibilité d'un conflit relationnel, il est facile de prendre les choses *personnellement*. Mais les personnes qui s'aiment sont parfois en colère l'une contre l'autre, et elles doivent alors travailler à la résolution de leurs conflits.

Cinquième étape : Explorez de nouveaux points de vue

Lorsque vous essayez d'adopter un point de vue plus équilibré relativement à votre vie relationnelle, revoyez les attentes que vous entretenez à votre égard et à celui des autres. Ne choisissez pas un point de vue qui vous incite à attendre une réaction précise de la part des autres. Au lieu de cela, intégrez les éléments importants que vous avez appris au cours de ce processus. Il peut s'agir, par exemple, de vous rappeler que vous ne pouvez pas, continuellement, faire plaisir à tout le monde, que la gêne finit toujours par passer ou que vous pouvez être exposée aux critiques et à la désapprobation des autres.

AFFRONTEZ VOS PEURS

Au chapitre 5, vous avez appris comment élaborer une *échelle d'exposition* et comment affronter progressivement les situations qu'en général vous évitez. Si vos inquiétudes portent sur vos relations avec les autres, il est possible que vous évitiez certaines situations sociales ou certains échanges interpersonnels. Vous en faites-vous pour ce que les autres peuvent penser de vous ? Si tel est le cas, essayez d'affronter les situations sociales qui vous mettent mal à l'aise. Vous pouvez commencer avec quelque chose de simple, par exemple entamer la conversation avec une personne que vous ne connaissez pas. Vous pourriez ensuite aller un peu plus loin en invitant un ami au restaurant. Et, plus tard, vous pourriez essayer d'affronter des situations plus délicates, par exemple imposer votre opinion ou adresser une requête à quelqu'un. À mesure que vous réussirez à affronter davantage de situations sociales délicates, vous réussirez, peut-être, à prendre suffisamment confiance en vous pour demander à votre patron de vous faire des commentaires sur un projet de travail ou encore faire un exposé devant un groupe. Si les situations sociales que vous rencontrez au quotidien vous occasionnent une gêne importante, vous pourriez avoir besoin d'une aide supplémentaire pour les affronter. Reportez-vous aux ressources présentées à la fin de ce livre, en matière d'anxiété sociale, pour obtenir de plus amples renseignements.

Créez des moments d'intimité

Nombreuses sont les personnes inquiètes qui évitent les situations d'intimité avec leurs proches. Même si le fait de socialiser ne vous rend pas mal à l'aise, il est possible que vous évitiez d'aborder certains sujets avec vos proches. Soyez à l'affût des moments où vous vous retenez de faire part de ce que vous voulez, pensez ou ressentez réellement. Voici deux exemples précis d'exercices d'exposition que vous pourriez essayer de mettre en pratique :

1. Proposez à votre partenaire, à votre conjoint ou à un ami d'avoir une discussion à cœur ouvert. Demandez-lui ouvertement quelles répercussions votre comportement inquiet a eues sur votre relation. Si votre interlocuteur tente de vous rassurer, dites-lui que vous aimeriez qu'il soit honnête avec vous. Essayez de déterminer en quoi votre comportement peut amener l'autre à s'éloigner ou à se détacher de vous (par exemple si vous le dérangez, l'accablez ou le harcelez). Même si cet exercice est difficile sur le plan émotionnel, écoutez attentivement ce que l'autre vous révèle de ce qu'il ressent. Acceptez de vous sentir vulnérable lorsque vous parlerez de votre lutte contre votre inquiétude et votre anxiété, et lorsque vous lui confierez vos peurs les plus profondes relativement à votre relation.

Le but de cet exercice n'est pas obligatoirement de résoudre un problème. Contentez-vous de vous efforcer d'être le plus authentique possible avec vos proches.

2. Êtes-vous mariée, êtes-vous dans une relation amoureuse ? Si c'est le cas, discutez avec l'autre de ce que chacun aime en matière de sexualité. Découvrez des moyens de faire part de vos préférences à votre partenaire. Trouvez le courage d'être entreprenante ou d'essayer quelque chose de nouveau. Si tout cela vous semble quelque peu confus, vous pouvez consulter les livres *Sex Talk*, d'Aline Zoldbrod et Lauren Dockett et *Sex Matters for Women*, de Sallie Foley, Saly Kope et Dennis Sugrue (voir la section *Ressources* pour obtenir de plus amples renseignements sur ces livres). Ces deux ouvrages sont remplis de suggestions et d'exercices pratiques pour vous aider à explorer et à améliorer votre vie sexuelle.

Que se passerait-il si les relations que vous entretenez avec votre entourage ne vous permettaient pas vraiment d'instaurer une communication ouverte et honnête ? Et si vous essayiez d'appliquer ces méthodes, mais n'étiez pas soutenue par votre partenaire ou vos amis ? Si vous rencontrez de tels problèmes, il serait peut-être temps de travailler à l'élaboration d'un réseau social de personnes sur lesquelles vous pouvez compter. Entourez-vous de personnes auxquelles vous pouvez vous confier et qui désirent vous écouter. Rencontrez de nouvelles personnes en servant une cause qui vous tient à cœur au sein de votre collectivité. Vous pourriez peut-être trouver des groupes de soutien locaux et participer à leurs rencontres.

Abandonnez les comportements qui entretiennent les spirales d'inquiétude

Quels sont les comportements, propices aux spirales d'inquiétude, que vous avez tendance à adopter lorsque vous vous inquiétez de votre vie relationnelle ? Cherchez-vous sans arrêt à vous faire rassurer ? Revenez-vous plusieurs fois à la charge pour vous assurer que l'autre n'est pas en colère contre vous ou vous aime toujours ? Essayez donc de repérer les éléments qui pourraient être à l'origine de ce qui vous sépare de votre entourage. Anne, par exemple, a découvert qu'elle adoptait des comportements qui entretenaient les spirales d'inquiétude, telles que le fait de vouloir s'assurer en permanence que son entourage allait bien, de demander sans arrêt à son mari s'il l'aimait et d'appeler ses amis de façon répétée pour connaître la date de leur prochaine rencontre.

Parlez à vos proches des efforts que vous faites. Expliquez-leur quels changements vous essayez d'apporter à votre vie et de quelle façon vous essayez de mettre fin à vos spirales d'inquiétude. Pensez-vous que votre interlocuteur pourrait réagir d'une façon particulière pour vous aider, lorsque vous exprimez une certaine inquiétude ou lorsque vous adoptez un comportement qui favorise la spirale d'inquiétude ? Il est possible que la personne que vous avez en face de vous ait pris l'habitude de réagir d'une façon qui vous procure un soulagement à court terme, mais qui n'empêche pas l'inquiétude de progresser. Chaque fois que vous chercherez à être rassurée par une personne, celle-ci devra lutter contre son envie d'être rassurante, et il sera préférable qu'elle vous aide à travailler sur vos exercices de mise en perspective proposés au chapitre 4. Vous n'êtes pas obligée de céder chaque fois que vous éprouvez l'envie irrépressible d'adopter un comportement favorisant la spirale d'inquiétude. Au lieu de cela, servez-vous de ces pulsions comme de signaux pour vous rappeler de vous détendre et de ramener votre *mental* au moment présent.

DÉTENDEZ VOTRE CORPS ET VOTRE ESPRIT

Au chapitre 6, vous avez appris quelques techniques de relaxation que vous pouvez appliquer tout au long de votre journée, chaque fois que vous décèlerez la présence d'une spirale d'inquiétude. Une mise en pratique régulière de ces techniques peut être bénéfique à votre vie relationnelle. D'autant qu'il est bien plus facile de prendre du recul et d'écouter l'autre lorsque nous sommes calmes. Par exemple, pensez à une dispute que vous avez eue avec un de vos proches. Étiez-vous déjà susceptible et stressée avant même que la conversation ne débute ? En quoi votre comportement aurait-il été différent si vous aviez abordé la situation en étant concentrée et détendue ?

CONCENTREZ-VOUS SUR LE MOMENT PRÉSENT

Au chapitre 7, vous avez appris à appliquer la conscientisation à vos activités quotidiennes, par exemple lorsque vous mangez ou respirez. Pouvez-vous vous entraîner à être totalement présente lorsque vous interagissez avec votre entourage ? Chaque fois que votre attention s'éloigne de la conversation, ramenez-la à ce qui se passe ici et maintenant. Que vous dit réellement votre interlocuteur ? Comment vous sentez-vous lorsque vous discutez avec cette personne ? Lorsque vous créez des moments d'intimité avec vos proches, ressentez le plus intensément possible les sentiments d'intimité et de vulnérabilité que cette situation occasionne.

RELATIONS

Adoptez un nouveau point de vue

Faites preuve de précision

- Évitez d'apposer une étiquette à l'autre personne.

- Prévoyez avec précision comment cette personne va se comporter.

- Trouvez des solutions de remplacement.
- Trouvez quelques exemples de la façon dont vous et votre interlocuteur pourriez réagir.

Cherchez des preuves

- Quelles hypothèses émettez-vous relativement à l'autre personne ?
- Avez-vous des attentes peu réalistes ?
- Arrêtez de vouloir changer les autres.
- Demandez ce que vous voulez.
- Prenez soin de vous.
- Ne perdez pas votre temps à chercher un responsable.
- Rappelez-vous qu'il n'est pas nécessaire que vous ayez toujours raison.

Imaginez que le pire est arrivé

- Comment feriez-vous face au conflit ou à la désapprobation de votre entourage ?

Explorez de nouveaux points de vue

- Révisez vos attentes envers vous-même et envers votre entourage.

Affrontez vos peurs

- Affrontez des situations sociales et affirmez-vous.
- Créez des moments d'intimité avec vos proches.
- Mettez fin aux comportements qui entretiennent les spirales d'inquiétude, particulièrement le besoin de se faire rassurer.

- Expliquez à vos proches en quoi ils peuvent vous aider.

Détendez votre corps et votre esprit

- Entraînez-vous régulièrement si vous voulez en récolter les fruits dans votre vie relationnelle.

Concentrez-vous sur le moment présent

- Lorsque votre esprit s'égare, ramenez votre attention à votre conversation.

- Efforcez-vous d'être présente pour l'autre le plus possible.

CHAPITRE 9

Inquiétudes liées au travail et à la réussite

INQUIÉTUDES LIÉES AU TRAVAIL

Il arrive que la réussite prenne la forme d'une arme à double tranchant. Alors que nous n'étions encore que des enfants, nous savions déjà qu'en travaillant suffisamment et en faisant preuve de persévérance, nous pourrions accomplir de grandes choses. En tant que parents, nous nous efforçons de transmettre à nos enfants le sens de l'éthique professionnelle et nous voulons qu'ils saisissent l'importance d'établir et d'atteindre des objectifs qui leur permettront d'être utiles à la société. Mais que se passe-t-il lorsque nous poussons ces valeurs à l'extrême, au point où la réussite professionnelle, la productivité et la recherche de récompenses tangibles en arrivent à déterminer notre valeur en tant qu'être humain ? Les personnes qui s'en font surtout pour leur travail, leurs études ou leur réussite tombent souvent dans ce piège.

Pendant la première moitié du dix-neuvième siècle, le travail des femmes consistait, habituellement, à effectuer les tâches ménagères. Lorsqu'il leur a été permis de mener une vie intellectuelle et professionnelle en dehors de la maison, elles ont été confrontées aux mêmes difficultés professionnelles que celles les hommes. Cependant, elles devaient également relever des défis différents de ceux des hommes sur le lieu du travail. Les femmes d'aujourd'hui ont des décisions difficiles à prendre si elles veulent trouver l'équilibre entre leur travail et leurs responsabilités familiales, même si de plus en plus d'hommes se retrouvent également confrontés à ces mêmes préoccupations. Notre société a considérablement évolué, mais les femmes ne sont pas toujours traitées de façon respectueuse et équitable, ce qui peut compliquer un peu plus la situation des femmes actives. Cela ne signifie nullement que les femmes sont moins aptes que les hommes à surmonter les obstacles rencontrés au travail ou à mener des carrières épanouissantes.

Joan Borysenko a décrit, en 1996, la période importante de transition que traversent les femmes lorsqu'elles réévaluent leur carrière professionnelle et les décisions importantes qu'elles ont prises antérieurement. Certaines femmes concluent parfois que leur carrière ne progresse pas comme elles l'avaient planifié, au moment où elles commençaient à atteindre leurs objectifs professionnels. D'autres s'aperçoivent que leur décision de rester à la maison pour s'occuper à temps plein de leur famille ne les satisfait pas autant qu'elles l'auraient imaginé. Lorsque vous examinez les inquiétudes que vous entretenez relativement à votre vie professionnelle, essayez de déterminer ce qu'elles révèlent de vos propres décisions et valeurs.

La peur de l'échec, l'éventualité de ne pas terminer un projet, la possibilité que votre travail ne soit pas suffisamment bon, le fait de ne pas travailler assez ou, au contraire, de subir les conséquences d'une vie professionnelle trop chargée font partie des sujets d'inquiétude courants. Si vous vous en faites pour votre travail, vos études ou votre réussite, servez-vous de ce chapitre afin de vous guider lorsque vous appliquerez les stratégies que vous avez apprises à la deuxième partie. Vous pouvez même photocopier le tableau présenté à la fin de ce chapitre pour l'avoir toujours avec vous et vous en servir pour mettre en pratique les stratégies suivantes lorsque vous vous en ferez pour votre vie professionnelle.

ADOPTEZ UN NOUVEAU POINT DE VUE

Au chapitre 4, vous avez appris à franchir cinq étapes précises afin d'examiner attentivement vos inquiétudes et les observer sous un angle différent. Vous aviez d'abord une vague inquiétude et vous en avez tiré une prévision ou une interprétation concrète et précise («Faites preuve de précision»), puis vous avez envisagé d'autres possibilités («Trouvez des solutions de remplacement») et examiné la vraisemblance de votre pensée anxieuse ainsi que de votre solution de remplacement («Cherchez des preuves»). Vous avez ensuite appris à porter un regard honnête sur ce qui se produirait si votre pensée anxieuse était exacte et sur la façon dont vous feriez face à la situation («Imaginez que le pire est arrivé»). Enfin, vous avez trouvé un nouveau point de vue, plus équilibré et flexible, et moins stressant que votre pensée anxieuse initiale («Explorer de nouveaux points de vue»). Voici quelques suggestions que vous pourriez trouver particulièrement utiles lorsque vous vous entraînerez à mettre en perspective vos inquiétudes liées à votre vie professionnelle.

Première étape : Faites preuve de précision

Lorsque vous essayez de concrétiser le plus possible une inquiétude quant à votre réussite, portez attention aux termes de nature générale et vague tels que *échec*, *réussite* ou *suffisamment bon*. Une autre personne serait-elle en mesure de dire si vous avez *échoué* ou si votre travail n'est pas *suffisamment bon*? Précisez votre prévision.

Deuxième étape : Trouvez des solutions de remplacement

Lorsque vous envisagerez toutes les issues possibles, observez si certains aspects de votre vie professionnelle vous donnent plus de fil à retordre que d'autres. Par exemple, est-ce que vous prévoyez garder le même poste toute votre vie ? Si tel est le cas, essayez de mettre au point divers scénarios impliquant un changement de poste. Efforcez-vous de trouver des solutions de remplacement qui ne s'appuient pas sur l'hypothèse selon laquelle votre situation actuelle sera toujours et en tous points la même. Rappelez-vous que l'objectif de cette étape consiste à libérer votre pensée et à vous poser un défi en sortant des sentiers battus.

Troisième étape : Cherchez des preuves

Lorsque vous évaluerez la vraisemblance de votre pensée anxieuse initiale et de chaque solution de remplacement, n'oubliez pas de chercher des éléments qui contestent votre pensée anxieuse, au lieu de vous focaliser sur les preuves de sa légitimité. Examinez comment vous vous en êtes sortie jusqu'à présent, en termes de performance, pour évaluer le bien-fondé de l'hypothèse selon laquelle vous échouerez. Si vous vous inquiétez pour un examen que vous devez passer, rappelez-vous du nombre de fois où vous avez échoué à des examens et à combien d'entre eux vous avez obtenu une très mauvaise note. Si vous vous inquiétez pour une évaluation de rendement portant sur votre travail, pensez aux commentaires que vous avez reçus lors d'évaluations précédentes. Veuillez à ne pas interpréter l'anxiété que vous ressentez, relativement à la situation que vous redoutez, comme étant une preuve de son bien-fondé.

Imaginons que vos inquiétudes tournent autour de la peur de ne pas finir un travail à temps. Que se passera-t-il si vous prévoyez, à juste titre, que vous ne finirez pas votre travail à temps, selon vos échéances ? Pour Ellen, il s'agissait là d'un problème de taille puisqu'elle se retrouvait souvent coincée lorsqu'elle en arrivait à cette étape.

Ellen : dépassée à vouloir en faire trop

Ellen était une femme célibataire âgée de trente-deux ans et enseignait la sociologie dans une université membre de l'Ivy League. Deux années seulement la séparaient de son examen de titularisation, au cours duquel elle serait évaluée par ses collègues. Elle pourrait alors perdre son emploi ou se voir offrir un poste permanent. Ellen savait que la concurrence était sévère et qu'elle devrait publier de nombreux articles de recherche et travailler d'arrache-pied pour faire le poids. La pression qu'elle subissait commençait à lui peser en permanence. Elle s'inquiétait tellement de ne pas respecter les échéances et de ne pas être suffisamment productive qu'elle était déjà épuisée lorsqu'elle se réveillait. Parfois, ses inquiétudes la réveillaient la nuit et les pensées anxieuses se bousculaient dans sa tête : « Oh non, on est le 25 et le mois est presque terminé... je dois rendre la semaine prochaine le chapitre que j'ai accepté d'écrire... comment vais-je y arriver alors que je dois déjà envoyer les révisions des autres articles à mon éditeur, avant le début du mois prochain ? ».

Ellen décida alors qu'il lui était impossible d'aller à la gym trois fois par semaine comme elle l'avait prévu. Elle déclina également l'invitation d'une amie à une soirée à laquelle elle avait pourtant hâte d'assister. Ces décisions lui apportèrent immédiatement un léger soulagement, mais elle se sentait néanmoins piégée par son travail et elle se demandait si elle trouverait, un jour, le temps d'avoir une vie.

Ellen finit par avoir la sensation d'atteindre sa limite. Lorsqu'elle commença à surveiller ses spirales d'inquiétude, elle remarqua que sa façon de réagir à sa peur de ne pas être suffisamment productive consistait à accepter *davantage* de travail. Au lieu d'établir la priorité des tâches qu'elle avait à accomplir et de faire des choix quant à la façon de répartir le peu de temps dont elle disposait pour son travail, elle gaspillait son énergie en travaillant de façon désordonnée, tout en s'inquiétant pour les autres projets sur lesquels elle ne travaillait pas à ce moment-là. Le fait de s'investir dans de nouveaux projets auxquels elle n'avait pas de temps à consacrer constituait un comportement qui favorisait les spirales d'inquiétude et augmentait le risque qu'elle ne soit pas en mesure de respecter ses échéances et qu'elle se sente dépassée.

Ellen examina ses inquiétudes en abordant un cas de figure précis à la fois et en cherchant d'autres issues possibles. Mais elle restait souvent bloquée lorsqu'elle évaluait les preuves qui nourrissaient son inquiétude. Cette étape semblait toujours lui révéler que ses pensées anxieuses risquaient fort d'être fondées. Il était peu réaliste, voire impossible, de penser faire tout ce qu'elle avait prévu dans les délais dont elle disposait. Ellen s'était elle-même piégée, puisque sa tendance à trop vouloir en faire lui garantissait de ne jamais être à jour dans son travail. Ses attentes déraisonnables quant à la rapidité avec laquelle elle pouvait travailler créaient une sorte d'*effet Pygmalion*. Ironiquement, non seulement l'anxiété et l'inquiétude intenses lui pesaient, mais cela l'empêchait aussi de travailler en utilisant le maximum de ses capacités.

Lorsque Ellen commença à comprendre la nature autodestructrice de son approche, elle décida de faire le tri entre les projets qui correspondaient le mieux à ses objectifs professionnels et ceux qui ne lui étaient pas d'un grand intérêt. Elle planifia ses journées de travail de façon à accomplir une tâche à la fois. Bien qu'elle se sentît gênée de refuser certaines demandes et de négocier ses échéances avec ses collègues, sa productivité et la qualité de sa vie en furent grandement améliorées. Ellen finit par réaliser que, contrairement à ce qu'elle pensait, le fait de prendre soin de sa santé et de son bien-être lui permettait, en fait, de travailler de façon plus efficace.

Si l'histoire d'Ellen vous rappelle la vôtre, il se pourrait qu'il vous soit nécessaire de modifier certains comportements précis pour limiter l'inquiétude que vous ressentez face à votre vie professionnelle. Vous en apprendrez davantage sur ce sujet à la section *Affrontez vos peurs* de ce chapitre.

Quatrième étape : Imaginez que le pire est arrivé

Quelle que soit la vraisemblance de votre pensée anxieuse, il est toujours utile de vous interroger sur l'importance de ce qui adviendrait si elle était justifiée : que se passerait-il si vous perdiez votre travail, si vos échouiez à vos études, si vous ne respectiez pas une échéance ou si votre évaluation n'était pas satisfaisante ?

- Que se passerait-il exactement ensuite ?

- Quelles mesures concrètes prendriez-vous pour faire face à la situation ?

- Quel comportement ont adopté les personnes s'étant retrouvées dans une telle situation ?

- Si votre peur était justifiée, quelle incidence aurait-elle sur vous ?

Il est particulièrement important de se poser cette dernière question si votre inquiétude quant à votre travail tourne autour du thème de l'échec.

La peur de l'échec

Les chaînes d'inquiétude des personnes atteintes d'inquiétude chronique se soldent souvent par un échec, même si, à l'origine, elles ne s'en font pas pour leur travail (Hazzlett-Stevens et Craske, 2003). Pourquoi la perspective de l'échec est-elle à ce point effrayante ? Après tout, l'échec est un passage obligé, à moins de refuser de prendre des risques. Mais si vous n'acceptez pas de prendre des risques, aucune occasion de réussite ne se présentera à vous, et ce, même si vous vous sentez atteinte personnellement lorsque vous perdez un travail, lorsque vous recevez une lettre d'une université refusant votre candidature ou lorsqu'un de vos collègues s'avère plus performant que vous.

Les difficultés surviennent lorsque nous faisons l'erreur d'assujettir notre valeur personnelle à ce que nous sommes capables de réaliser. Il est très tentant de tomber dans cet écueil lorsque nous recevons des récompenses, des accolades ou d'autres marques de reconnaissance de notre réussite. Nous voulons tous nous sentir importants et savoir que nous sommes bons dans ce que nous faisons. Mais, parfois, il nous arrive de prendre la mauvaise habitude de nous comparer aux autres. Lorsque notre réussite dépasse celle de l'autre, nous nous sentons supérieurs. Ce qui signifie également que lorsque tel n'est pas le cas, nous sommes inférieurs. Cette façon de penser met la barre assez haut et nous force à vouloir être encore meilleurs la prochaine fois. Si notre réussite professionnelle doit démontrer que nous sommes des êtres humains plus valables, aimables et respectables, notre échec signifie donc que nous le sommes d'autant moins. Cette façon de penser nous entraîne très rapidement vers une route dangereuse, sur laquelle nous nous retrouvons paralysés par la peur de l'échec.

Il y a cependant une bonne nouvelle : vous pouvez sortir de cette impasse. Vous pouvez décider de ne pas associer votre valeur fondamentale à votre réussite professionnelle. Vous pouvez arrêter de vous comparer aux autres. Même si cela exige une bonne dose d'humilité, en envisageant vos réussites et vos échecs sous un autre angle, vous pourriez vous sentir plus libre de prendre des risques qui en valent la peine. Vous serez alors en mesure de vous féliciter de votre travail et de ne considérer vos réussites que pour ce qu'elles sont.

Que pouvez-vous faire si le thème de l'échec revient souvent lorsque vous vous inquiétez pour votre vie professionnelle ? Vous pouvez comparer l'importance de votre travail avec l'importance d'autres aspects de votre vie. Posez-vous les questions suivantes :

- Quelle est l'importance de ce souci professionnel comparativement à ma santé, à ma famille et à mes proches ?

- Si les choses n'évoluent pas comme je l'aurais souhaité, est-ce que cela signifie pour autant que je ne peux pas mener une vie intense et satisfaisante ?

- Si je n'obtiens pas les bons résultats, est-ce que les personnes que j'aime le plus m'aimeront moins ?

- Si j'échoue, n'ai-je pas tout de même le droit d'être fière du courage dont j'ai fait preuve, ne serait-ce que pour avoir essayé ?

- Qu'est-ce que j'apprécie le plus chez les autres ? Est-ce que j'accorde vraiment une importance à leur intelligence ou à leur réussite professionnelle ?

Cinquième étape : Explorez de nouveaux points de vue

Lorsque vous envisagerez des points de vue qui tiendront compte de vos nouvelles hypothèses, ne vous contentez pas d'espérer que des événements sur lesquels vous n'avez pas de pouvoir se produisent. Au contraire, concentrez-vous sur ce que vous pouvez faire, sur la façon dont vous affronteriez une situation et sur ce qui se passerait réellement si l'événement que vous redoutez se produisait. Est-il possible que vous vous en fassiez pour votre travail dans le but de détourner votre attention de préoccupations plus sérieuses, comme des difficultés au sein de votre couple ou une expérience douloureuse ? Si c'est le cas, affrontez directement ces problèmes. Vous pouvez par exemple travailler sur votre relation de couple en faisant part de vos sentiments à votre partenaire ou en recourant à une thérapie de couple. Vous pouvez également vous remettre d'une expérience douloureuse en travaillant avec un bon thérapeute sur vos émotions non résolues.

AFFRONTEZ VOS PEURS

Nombreux sont les comportements propices aux spirales d'inquiétude qui vont de pair avec les inquiétudes liées au travail. Ellen, par exemple, a découvert qu'elle adoptait des comportements qui entretenaient sa tendance à vouloir trop en faire, et ce, en acceptant plus de charges de travail qu'elle pouvait en assumer dans les délais prescrits, puisqu'elle s'inquiétait de ne pas être suffisamment productive. Si vous pensez que vous avez tendance à en faire trop, essayez d'appliquer certaines des modifications comportementales présentées à la prochaine section.

Le perfectionnisme et les comportements liés au sentiment d'urgence font partie des comportements courants qui entretiennent les spirales d'inquiétude liées au travail. Les *comportements liés au sentiment d'urgence* sont toutes les choses que vous faites lorsque vous êtes pressée, par exemple vérifier plusieurs fois l'heure qu'il est, être agitée, taper du pied, soupirer bruyamment, avoir une conduite agressive ou accélérer dans les embouteillages. Si vous remarquez que vous faites preuve d'un perfectionnisme exagéré ou que vous adoptez des comportements liés à un sentiment d'urgence, efforcez-vous de les abandonner pendant une journée complète pour constater l'effet. Vous pouvez même faire l'expérience de vérifier votre degré d'efficacité en l'absence de ces comportements. De plus, vous pourriez vous servir des moments où vous ressentez le besoin d'adopter ces comportements comme de signaux vous rappelant de vous détendre et de ramener votre état mental au moment présent.

L'évitement de certaines activités et situations constitue une autre composante importante des spirales d'inquiétude liées au travail. La procrastination en est un exemple classique et le sujet qui en est atteint a tendance à remettre un travail à plus tard, à cause de la façon dont les événements pourraient évoluer ou du temps qui lui sera nécessaire pour résoudre son problème. Si vous avez tendance à la procrastination, essayez quelques-unes des stratégies décrites ci-dessous, à la section *Les inconvénients de la procrastination*. Cherchez également les comportements révélateurs de votre retenue, par exemple remettre à plus tard vos recherches pour un meilleur poste, ne pas demander de promotion, ne pas poser votre candidature à votre université favorite ou refuser des opportunités d'emplois que vous jugez intéressantes.

Il vous faut enfin examiner si vous évitez de vous distraire ou de prendre soin de vous. Ellen, par exemple, avait non seulement tendance à entretenir la spirale d'inquiétude en voulant en faire trop, mais, en outre, négligeait l'activité physique et les rencontres avec ses amis. Quelles activités agréables évitez-vous lorsque vous vous en faites pour votre travail ? Faites l'effort de les inclure dans votre journée ou dans votre semaine, de la même façon que vous planifiez des rendez-vous et des activités pour votre travail.

Au chapitre 5, vous avez appris à repérer vos comportements d'évitement et à affronter progressivement les situations que vous redoutez en vous servant de *l'échelle d'exposition*. Vous avez également appris à abandonner les comportements qui entretiennent la spirale d'inquiétude, tels que le fait de devoir vérifier quelque chose plusieurs fois. Vous trouverez ci-dessous quelques exemples de comportements que vous pourriez essayer d'adopter si vos inquiétudes concernent votre travail, vos études ou votre réussite.

Arrêtez de vouloir en faire trop

Vous vous demandez comment vous pouvez agir si vous avez tendance à en faire trop au travail ? Vous pourriez commencer par vous forcer à prendre du recul et à y réfléchir à deux fois avant d'accepter d'assumer davantage de responsabilités. Vous aurez ainsi l'occasion de déterminer si vous disposez suffisamment de temps et s'il serait véritablement dans votre intérêt d'accepter le projet en question. Vous devrez certainement dire « non » à un moment donné. Pour certaines femmes, le fait d'en faire trop provient de la peur de s'affirmer et de refuser les demandes peu raisonnables de leur entourage. Cette situation peut être très délicate si la personne qui vous adresse une demande est votre patron ou une personne qui a un pouvoir sur vous. Mais vous pouvez vous entraîner efficacement à dire à votre patron que vous ne pouvez pas satisfaire toutes les demandes professionnelles qui vous sont adressées. Vous pourriez lui demander quelles sont les responsabilités prioritaires ou proposer votre aide pour résoudre le problème, en réfléchissant à une meilleure répartition de votre temps de travail. Vous pouvez, ensuite, continuer dans votre élan en élaborant un plan de travail précis et en effectuant chaque tâche individuellement et par ordre de priorité.

Si vous évitez les situations telles que le fait de dire « non » ou de demander de l'aide à votre patron, faites une liste des comportements que vous pourriez adopter pour faire face à ces situations. Inscrivez-les sur votre échelle d'exposition, le moins difficile figurant en bas de l'échelle et le plus délicat en haut. Déterminez avec précision la façon et le moment adéquats pour essayer l'activité inscrite au barreau du bas, tel que vous l'avez appris au chapitre 5, et respectez le plan en remontant l'échelle. Vous pouvez même faire un jeu de rôle avec un ami afin de bénéficier de ses commentaires.

Une autre modification que vous pouvez apporter à votre comportement, si vous avez tendance à en faire trop, consiste à déléguer des tâches. Si vous êtes perfectionniste, il pourrait vous être très difficile de le faire. Vous pensez peut-être que les autres ne feront pas les choses de la même façon que vous et que vous ne pouvez pas avoir confiance en eux pour faire le travail correctement. Mais vous pouvez affronter ces peurs en déléguant volontairement certaines tâches aux autres. Vous pouvez demander de l'aide à des collègues qui partagent la même charge de travail que vous ou aux personnes qui travaillent pour vous. Pensez-vous que vous devez réellement tout faire vous-même et effectuer les tâches les plus insignifiantes à la perfection ?

Les inconvénients de la procrastination

Tout le monde est concerné par la procrastination. Pourquoi nous est-il donc si facile de remettre un travail à plus tard ? Les inquiétudes que nous entretenons au sujet de la qualité du résultat à obtenir n'y sont pas pour rien. Mais la procrastination est aussi représentative de notre nature humaine profonde. Notre cerveau a été essentiellement conçu pour rechercher le plaisir et pour éviter ce qui est désagréable, et on sait bien que le travail n'est pas toujours une partie de plaisir. Nous nous forçons souvent à travailler même si nous n'en avons pas envie, en sachant que nous en récolterons les fruits plus tard.

Mais il arrive que l'on cède à la tentation de la procrastination. Or, comme tous les autres comportements d'évitement, le simple fait de remettre un travail à plus tard peut le rendre plus effrayant et ainsi laisser la porte ouverte aux pensées autodestructrices qui se *déchaîneront* librement : « Serais-je vraiment capable de le faire ? », « Et si ça se passait mal ? », « Et si mon travail n'était pas assez bon ? ». Votre confiance en vous commencera alors à s'éroder. En outre, plus le temps passera, et moins vous vous laisserez de temps pour effectuer le travail en question. Vous vous en rendrez rapidement compte et vous vous promettrez alors de vous y mettre dès le lendemain. Bien que vous en tirerez un soulagement à court terme, vous vous sentirez également impuissante, comme si vous ne pouviez pas avoir de contrôle sur votre propre comportement. Les doutes que vous auriez eus au départ auront pris des proportions gigantesques. Et ce qui vous serait apparu avant comme étant une tâche raisonnable et gérable prendra alors les proportions du mont Everest !

Comment peut-on mettre fin à ce cercle vicieux ? Commencez par diviser votre tâche en petites étapes concrètes. Les coureurs ne s'entraînent pas pour leur premier marathon en entamant d'emblée une distance de 42 kilomètres. Au lieu de cela, ils débutent par des parcours moins longs et exercent leur endurance en suivant un plan d'entraînement précis. Plutôt que de se concentrer sur la totalité de la distance du marathon, ils couvrent, chaque jour, le parcours qui a été planifié.

Quelle partie de votre tâche pouvez-vous le plus facilement débuter *aujourd'hui* ? Élaborez une échelle d'exposition en y intégrant les mesures devant être prises pour commencer votre travail, tel qu'il vous l'a été expliqué au chapitre 5. Commencez par la partie de votre tâche qui vous semble la plus simple et la moins impressionnante. Votre échelle d'exposition doit être une sorte de programme concret et présenter en détail les périodes où vous devrez travailler et ce que vous devrez accomplir. Imaginons que vous êtes étudiante à l'université et que vous remettez à plus tard la rédaction de votre travail trimestriel. Vous pourriez commencer par passer deux heures à la bibliothèque et chercher de la documentation dans les banques de données.

Poursuivez en vous engageant à travailler tous les jours un certain nombre d'heures sur votre travail. Les choses prennent souvent plus de temps que nous l'imaginons, alors ne soyez pas surprise si, tout en respectant votre plan, vous ne progressez pas aussi vite que vous l'auriez souhaité. Pour cette raison, il est préférable que vous vous fixiez des objectifs en fonction du temps que vous accorderez à votre travail plutôt qu'en fonction de la somme que vous voulez accomplir. La meilleure stratégie à adopter pour vaincre la procrastination consiste à honorer la promesse que vous vous faites chaque jour de respecter votre plan sans exception. Si vous rencontrez un obstacle, soyez suffisamment ouverte à devoir rajuster votre programme, sans vous décourager. Examinez les pensées anxieuses qui pourraient surgir au cours de ce processus en utilisant les stratégies présentées au chapitre 4.

DÉTENDEZ VOTRE CORPS ET VOTRE ESPRIT

Si vous vous en faites à cause de votre travail, vous êtes probablement souvent tendue lorsque vous vous trouvez dans votre environnement professionnel. Au chapitre 6, vous avez commencé à apprendre des techniques de relaxation telles que la respiration lente et profonde, la relaxation musculaire et la visualisation. Vous avez également appris à les appliquer tout au long de la journée, chaque fois que vous décelez la présence d'une spirale d'inquiétude.

Faites de courtes pauses

Comment pouvez-vous intégrer votre pratique de la relaxation à une journée typique de travail ? Il est évident que plus vous effectuerez, chez vous, les exercices de relaxation présentés au chapitre 6, plus vous en récolterez les bénéfices lorsque vous serez sur votre lieu de travail. La meilleure stratégie afin d'appliquer ces techniques de relaxation lorsque vous êtes au travail consiste à prévoir de courtes pauses tout au long de la journée. Déterminez avec précision les moments où vous pouvez réserver cinq minutes à la détente. Pouvez-vous vous éloigner de votre bureau pendant quelques minutes toutes les heures ? Peut-être pouvez-vous sortir à l'extérieur à plusieurs reprises, entre vos différentes tâches et vos rendez-vous, avant et après l'heure du dîner ?

Pendant ces courtes pauses, vous pourriez examiner votre respiration et passer votre corps en revue pour vérifier la présence éventuelle de tension musculaire. Au lieu de respirer par la poitrine, efforcez-vous d'avoir une respiration lente et fluide qui émane de votre abdomen, comme vous l'avez appris au chapitre 6. Relâchez du mieux que vous pouvez les tensions musculaires que vous avez repérées. Pour vous aider, vous pouvez commencer par contracter le groupe musculaire concerné pour créer une impulsion, puis relâchez ensuite la tension. Si vous disposez d'un endroit où vous pouvez vous retirer en toute tranquillité, tel que votre bureau ou les toilettes, fermez les yeux pour pratiquer la visualisation pendant une ou deux minutes. Retirez-vous dans le « sanctuaire paisible » créé par votre esprit, comme vous l'avez déjà pratiqué à la maison, en vous inspirant du chapitre 6.

Utilisez des événements courants pour vous rappeler de vous relaxer

En plus des exercices de relaxation rapide que vous pratiquerez pendant vos courtes pauses, soyez à l'affût des événements ordinaires qui ponctuent couramment vos journées de travail et qui pourraient vous servir d'appels à la relaxation. Chaque fois que ces événements se produisent, prenez un moment pour vous détendre, en respirant profondément et en relaxant votre corps. Avec de l'entraînement, vous pourrez laisser passer une sonnerie de téléphone supplémentaire et en profiter pour détendre vos épaules et respirer profondément. Vous pouvez également vous détendre lorsque vous vous rendez aux toilettes, lorsque vous composez un numéro sur le télécopieur ou lorsque vous buvez un verre d'eau ou prenez une gorgée de café.

CONCENTREZ-VOUS SUR LE MOMENT PRÉSENT

Lorsque vous instaurerez ces habitudes de relaxation tout au long de votre journée de travail, entraînez-vous également à ramener votre attention au moment présent. Au chapitre 7, vous avez appris à appliquer la *conscientisation* à vos activités quotidiennes telles que les repas et la respiration. Vous pouvez également appliquer ces techniques de conscientisation à votre journée de travail. Lorsque vous surveillez votre degré d'anxiété et d'inquiétude, repérez les moments où votre esprit appréhende l'avenir, en s'inquiétant pour votre travail, ou le passé, en se questionnant sur un événement qui s'est produit. Chaque fois que votre esprit s'égare, ramenez votre attention à la tâche en cours.

Lorsque nous nous inquiétons pour notre travail, nous nous soucions souvent davantage de l'aboutissement de nos efforts que du processus du travail lui-même. Lorsque vous ramenez votre esprit au moment présent, concentrez-vous sur ce que vous ressentez lorsque vous travaillez. Appréciez la stimulation intellectuelle que vous procure le fait de vous attaquer à une tâche ambitieuse. Laissez-vous absorber par le processus créatif. Pourquoi avez-vous choisi ce style de travail en premier lieu ? Pour la sensation de chaleur que vous ressentez lorsque vous aidez les autres ou lorsque vous enseignez ? Pour l'inspiration que vous ressentez lorsque vous testez vos limites ou lorsque vous apprenez quelque chose de nouveau ?

Rappelez-vous de ce que vous aimez le plus dans votre travail. Redécouvrez les récompenses intrinsèques de votre travail au lieu de vous demander si vous en récolterez les fruits.

TRAVAIL ET RÉUSSITE

Adoptez un nouveau point de vue

Faites preuve de précision

- Définissez des termes généraux tels que *échec, réussite* ou *suffisamment bon*.

Trouvez des solutions de remplacement

- Ne partez pas du principe que tous les aspects de votre situation professionnelle ne changeront jamais.

Cherchez des preuves

- Examinez objectivement votre performance passée.

Imaginez que le pire est arrivé

- N'assimilez pas votre valeur à ce que vous êtes capable de réaliser.

Explorez de nouveaux points de vue

- Concentrez-vous sur ce que vous pouvez faire et sur la façon dont vous y feriez face.

Affrontez vos peurs

- Abandonnez votre perfectionnisme et les comportements liés au sentiment d'urgence.

- Arrêtez de vouloir en faire trop.

- Reprenez vos loisirs et prenez soin de vous.

- Dominez votre tendance à la procrastination en y allant progressivement et en commençant dès *aujourd'hui*.

Détendez votre corps et votre esprit

- Faites de courtes pauses tout au long de la journée pour appliquer les techniques de relaxation.

- Trouvez des événements courants qui vous rappelleront de vous détendre sur le moment.

Concentrez-vous sur le moment présent

- Lorsque votre esprit s'égare, ramenez votre attention à votre travail.

- Profitez du processus au lieu de ne penser qu'à l'aboutissement

10

Inquiétudes liées aux dommages corporels et à la sécurité

INQUIÉTUDES LIÉES À LA SÉCURITÉ

Les êtres humains sont dans une situation délicate, car leur capacité à prévoir les choses et à planifier leur avenir leur fait prendre conscience qu'ils ne sont pas immortels et qu'ils pourraient donc perdre la personne qu'ils aiment le plus au monde. Nous avons la capacité d'imaginer des rêves magnifiques ou d'horribles tragédies, et nous gardons toujours à l'esprit que même l'impensable peut se produire. La seule certitude que nous ayons est que la vie n'est pas éternelle, aussi bien pour nous que pour ceux que nous aimons. Et lorsque nous y pensons, nous nous sentons mortels, vulnérables et minuscules, et nous souhaiterions avoir les moyens d'éviter l'inévitable.

Certaines personnes se servent de leur inquiétude pour tenter de rendre l'avenir plus certain. Si seulement elles pouvaient anticiper et éviter chacune des tragédies que la vie met sur leur chemin ; elles pourraient peut-être s'en sortir sans souffrance émotionnelle et sans avoir à se remettre d'une perte. Nous avons bien entendu un certain contrôle sur notre vie. Nous jouons tous un rôle important dans la façon dont notre avenir va se dérouler, même si nous n'en sommes pas toujours conscients. Mais nous devons apprendre à accepter que notre pouvoir a des limites. En voulant à tout prix prévoir l'imprévisible et contrôler l'incontrôlable, nous gaspillons de l'énergie, nous créons un état d'anxiété inutile et nous nous empêchons de profiter de cette vie qui nous est pourtant si chère !

Les inquiétudes liées à la sécurité comportent habituellement une idée de dommage ou de blessure physique dont vos enfants, votre famille, vos proches ou vous-même pourriez être victimes. En raison de leur nature tragique, ces inquiétudes peuvent occasionner, dès leur apparition, une peur intense et une profonde tristesse. Aussi, il est courant de visualiser les images d'une catastrophe dont le réalisme a un effet terrifiant. Ces images rendent l'événement plus réel et vraisemblable, et vous êtes alors convaincue qu'il pourrait se produire rapidement, quelles que soient les probabilités pour qu'il en soit ainsi. C'est ce qui arrivait souvent à Jenna, une femme âgée de 34 ans, rongée par l'inquiétude à propos de la sécurité de son enfant de cinq ans.

Jenna : imaginer des scénarios catastrophiques

À bien des égards, Jenna ressemblait à la plupart des mères au foyer. Elle aimait tendrement son fils Michael, mais elle se surprenait parfois à regretter des périodes de sa vie où tout était plus simple. Lorsqu'elle se rappelait de sa vie d'étudiante, elle s'émerveillait devant l'insouciance qu'elle ressentait alors. À l'âge de 18 ans, elle avait traversé le pays pour aller suivre ses études à New York. Même si elle prenait des cours d'autodéfense et faisait preuve d'un minimum de prudence, par exemple en ne marchant pas seule dans la rue la nuit, Jenna ne s'inquiéta jamais vraiment de sa sécurité. En réalité, elle s'en faisait rarement pour quoi que ce soit.

Mais dès la naissance de Michael, les choses changèrent. Même si Jenna vivait dans un quartier tranquille d'une banlieue du Connecticut, tout était source de danger pour son fils. Comme la plupart des mères, elle faisait attention à supprimer tout ce qui pouvait être dangereux à la maison et elle s'assurait que les produits qu'elle achetait ne présentaient aucun danger. Mais aucune de ces précautions ne diminuait son inquiétude persistante qu'une tragédie puisse survenir.

Michael avait maintenant cinq ans et sortait régulièrement jouer dehors, ce qui rendait Jenna d'autant plus inquiète. Chaque fois qu'elle le regardait jouer dans le parc avec les autres enfants, de terribles images, qui lui paraissaient plus vraies que nature, se bousculaient dans son esprit. Un jour, elle imagina qu'il tombait des barres de suspension et s'ouvrait la tête en chutant. À une autre occasion, elle le vit se faire renverser par une voiture et l'image de son corps couvert de sang étendu sur la route surgit dans son esprit. Ces images ne l'avaient pas quittée du reste de la journée. Jenna essayait de gérer ses inquiétudes en limitant les activités de Michael et en ne s'éloignant jamais de lui lorsqu'il jouait. Malgré les moqueries des autres mères qui la trouvaient surprotectrice, elle n'arrivait pas à se défaire de la conviction qu'elle devait anticiper toutes les catastrophes possibles.

Si l'histoire de Jenna vous rappelle la vôtre ou si vous ressentez des inquiétudes similaires, ce chapitre pourrait vous être utile. Mais pour certaines femmes, s'en faire pour des questions de dommages physiques et de sécurité peut révéler qu'elles vivent actuellement une situation qui comporte certains dangers. Si vous vivez une relation de violence avec un proche, il est nécessaire que vous preniez des mesures pour votre sécurité. Les femmes qui s'inquiètent pour leur sécurité en l'absence de danger réel peuvent, quant à elles, apprendre à mettre en pratique les stratégies d'adaptation présentées à la deuxième partie. Vous pouvez même photocopier le tableau présenté à la fin de ce chapitre pour l'avoir toujours avec vous et vous en servir pour appliquer les stratégies suivantes, si vous êtes préoccupée par des inquiétudes portant sur les dommages physiques dont une personne que vous aimez – ou vous-même – pourrait être victime.

ADOPTEZ UN NOUVEAU POINT DE VUE

Au chapitre 4, vous avez appris à franchir cinq étapes précises pour examiner attentivement vos inquiétudes et les observer sous un angle différent. Vous avez commencé avec une vague inquiétude et en avez tiré une prévision ou une interprétation concrète et précise («Faites preuve de précision»). Puis vous avez envisagé d'autres possibilités («Trouvez des solutions de remplacement») et examiné la vraisemblance de votre pensée anxieuse ainsi que de votre solution de remplacement («Cherchez les preuves»). Vous avez ensuite appris à porter un regard honnête sur ce qui se produirait si votre pensée anxieuse était exacte et sur la façon dont vous feriez face à la situation («Imaginez que le pire est arrivé»). Enfin, vous avez trouvé un nouveau point de vue plus équilibré et flexible, et moins stressant que votre pensée anxieuse initiale («Explorer de nouveaux points de vue»). Voici quelques suggestions que vous pourriez trouver particulièrement utiles lorsque vous vous entraînerez à mettre en perspective vos inquiétudes liées à votre sécurité, tel qu'il vous l'a été présenté au chapitre quatre.

Première étape: Faites preuve de précision

Commencez par déterminer exactement ce que vous prévoyez. S'il vous est possible de prendre des mesures précises pour éviter les problèmes, faites-le. Par exemple, si vous avez peur que votre enfant, qui commence à marcher, ingère du poison, sécurisez votre maison et affichez sur votre réfrigérateur le numéro à composer en cas d'empoisonnement. Toutefois, si vous avez déjà pris ces précautions, votre inquiétude risque de ne pas vous être d'une grande utilité.

Deuxième étape : Trouvez des solutions de remplacement

Lorsque vous envisagerez toutes les issues possibles, pensez à des événements moins dramatiques et plus ordinaires qui n'éveillent pas de sentiments intenses. Que pourrait-il se produire d'autre dans la même situation qui ne serait ni préjudiciable ni tragique ? Par exemple, Jenna a trouvé d'autres possibilités moins extrêmes que l'éventualité que son fils tombe et se blesse à la tête. Elle a réalisé que, même s'il tombait vraiment, il pourrait simplement s'écorcher le genou, avoir une blessure qui pourrait être soignée, telle qu'un bras cassé, ou encore qu'il pourrait jouer aux barres de suspension sans tomber.

Troisième étape : Cherchez des preuves

Lorsque vous examinerez les éléments qui fondent votre pensée anxieuse, vous pourriez réaliser que vous surestimez la vraisemblance d'un événement. Un événement peut vous paraître vraisemblable parce qu'il serait terrifiant et horrible qu'il survienne. Mais les chances pour que cet événement se produise ne sont pas plus élevées parce que vous y pensez. Dans un même ordre d'idées, les événements tragiques dont vous êtes spectatrice aux informations n'ont pas plus de risques de vous arriver parce que vous savez qu'ils ont affecté quelqu'un d'autre. En fait, c'est parce qu'ils sortent de l'ordinaire que ces événements passent aux informations. Si vous ne comptiez que sur cette source d'information pour savoir ce qui se passe dans le monde, vous en retireriez une image très sélective et biaisée. Si les événements ordinaires passaient aux informations, nous serions sans cesse bombardés de données telles que « Julie Smith est rentrée saine et sauve de son travail » ou encore « Le vol 901 vient juste d'atterrir à l'heure à l'aéroport local ».

Déterminez si votre raisonnement est influencé par une émotion forte. Lorsque les inquiétudes liées à notre sécurité déclenchent l'apparition d'images puissantes, celles-ci rendent l'événement bien plus vraisemblable qu'il ne le semblait auparavant. La visualisation éveille plus facilement des émotions que le font les mots. Veillez à ne pas confondre ces images et les émotions qu'elles déclenchent avec la probabilité que l'événement se produise.

Quatrième étape : Imaginez que le pire est arrivé

Que faire si, en évaluant la présence d'éléments nourrissant votre pensée, vous réalisez que les probabilités qu'elle se produise sont minces, mais que vous ne parvenez pas à vous débarrasser de votre inquiétude ? Et si l'événement que vous prévoyez était si tragique qu'une probabilité de seulement 0,01 % pour qu'il se produise suffisait à vous perturber ? Vous jugeriez alors important de continuer à supposer que le pire est arrivé. Comment feriez-vous face à cette situation tragique si elle avait réellement lieu ? Que feriez-vous exactement ?

Craignez-vous être bouleversée et anéantie par des émotions douloureuses ? N'oubliez pas que nous, êtres humains, sommes capables de supporter la souffrance émotionnelle la plus extrême qui soit. Il nous arrive même d'y trouver un sens. Nombreux sont ceux qui, au fil de l'histoire, ont persévéré, même dans l'adversité la plus totale. Mais la société moderne semble vouloir nous enseigner que les tragédies ne devraient jamais se produire. Nous nous attendons à traverser la vie sans subir de dommages et nous pensons avoir échoué si nous sommes victimes d'un événement tragique. Acceptez de vous sentir vulnérable si vous vous retrouvez dans une telle situation. Si le pire devait vous arriver, vous ne vous en sortiriez pas immédiatement et votre vie pourrait en être marquée à jamais. Mais la vie continuerait et il se pourrait même qu'elle vous apporte un enrichissement que vous n'auriez pas imaginé.

Les inquiétudes portant sur la sécurité sont en général plus tenaces si vous vous considérez responsable de tout et de tous ceux qui vous entourent. Examinez attentivement vos pensées à cet égard : croyez-vous devoir vous assurer que tout se passe bien et qu'aucune catastrophe ne survienne ? Ou, peut-être, vous attendez-vous à pouvoir contrôler tout ce qui pourrait survenir dans le futur, tout en sachant au fond de vous que c'est impossible. Une telle pensée entraîne une sensation d'impuissance et vous finissez par passer d'un extrême à l'autre et croire que vous n'avez, en réalité, aucun pouvoir. Ces deux extrêmes – qui consistent à croire que vous êtes impuissante et totalement dominée par votre environnement ou bien, au contraire, que vous avez un pouvoir absolu sur tout ce qui vous entoure – entretiennent les spirales d'inquiétude.

Cinquième étape : Explorez de nouveaux points de vue

Lorsque vous envisagerez de nouveaux points de vue, vérifiez si vous n'êtes pas intimement convaincue que vous récoltez certains avantages à vous inquiéter. Pensez-vous toujours que vous empêchez que quelque chose de tragique ne se produise parce que vous êtes constamment sur vos gardes ? À quel point pouvez-vous être attentive à ce qui se passe dans le présent si votre « mental » est sans cesse occupé à s'inquiéter de l'avenir ? Comparez les moments où vous vous inquiétez avec les moments où vous vivez réellement le moment présent. N'êtes-vous pas en mesure de mieux réagir à ce qui vous entoure lorsque vous êtes en phase avec la réalité du moment présent ?

Il est important que vous soyez consciente des inconvénients de vous raccrocher à vos inquiétudes. Si vous êtes une mère qui s'en fait pour la sécurité de ses enfants, ne passez-vous pas à côté de la joie de les élever ? Il s'agit, après tout, de la principale raison pour laquelle de nombreuses femmes veulent avoir des enfants. Rappelez-vous que notre capacité à contrôler l'avenir a ses limites. Vous pouvez décider d'accepter ces limites et affronter tout ce que la vie met sur votre chemin, au lieu de passer à côté de votre vie à cause de vos inquiétudes et des illusions que vous entretenez sur votre contrôle tout-puissant.

AFFRONTEZ VOS PEURS

Au chapitre 5, vous avez appris à affronter progressivement les choses que vous aviez tendance à éviter. Quelles activités ou situations avez-vous évitées à cause des inquiétudes que vous entretenez en matière de sécurité ? Il vous arrive peut-être, par exemple, d'éviter de regarder, de lire ou d'écouter les informations. Alors cherchez des comportements moins évidents, tels que le fait d'entendre parler ou de discuter d'événements tragiques. Changez-vous de sujet lorsque vos amis parlent de ce genre d'événement ? Avez-vous tendance à éviter de regarder des films dans lesquels il est question de mort ou de catastrophes ? Ainsi, lorsque vous commencerez à faire progressivement face à ces situations, acceptez de ressentir la vulnérabilité induite par la prise de conscience de votre condition de mortelle.

Cherchez également la présence de comportements plus subtils qui entretiennent les spirales d'inquiétude et que vous adoptez lorsque vous vous inquiétez pour des raisons de sécurité. Passez-vous votre temps à appeler vos proches pour vous assurer qu'ils ne risquent rien ? Si vous avez des enfants, avez-vous tendance à être surprotectrice avec eux et à leur interdire certaines activités que tous leurs amis ont le droit de pratiquer ? Veillez à ne pas transmettre involontairement à vos enfants l'idée que le monde est un endroit effrayant et dangereux. Les enfants sont très réceptifs et reproduisent une grande partie de nos comportements et de nos peurs simplement en nous observant. Si vous êtes tentée d'adopter ces comportements lorsque vous êtes prise dans une spirale d'inquiétude concernant la sécurité, forcez-vous à faire autre chose.

DÉTENDEZ VOTRE CORPS ET VOTRE ESPRIT

Au chapitre 6, vous avez appris des techniques précises pour vous relaxer. Les inquiétudes portant sur la sécurité peuvent rapidement entraîner de l'anxiété et de la tension physique. En continuant de surveiller vos spirales d'inquiétude, observez de quelle façon votre corps réagit. Surveillez votre respiration ; s'est-elle accélérée ou est-elle moins profonde ? Ressentez-vous une tension musculaire qui n'a pas sa raison d'être ? Faites disparaître cette tension en vous relaxant, tout en respirant lentement et profondément lorsque vous vous surprendrez à vous inquiéter pour votre sécurité ou celle de vos proches. Lorsque vous disposerez de plus de temps, examinez sérieusement ces inquiétudes et prenez des mesures précises pour affronter directement vos peurs.

CONCENTREZ-VOUS SUR LE MOMENT PRÉSENT

Lorsque vous remarquerez que vous vous inquiétez de la question de la sécurité et que vous appliquerez vos techniques de relaxation, assurez-vous de ramener votre attention au moment présent. Rappelez-vous que nous sommes en mesure de mieux réagir à ce qui nous entoure lorsque notre attention est rivée au présent. Observez vos sentiments de gratitude et de reconnaissance pour tout ce que vous avez et chérissez. Si vous vous en faites pour la sécurité d'un proche, que ressentez-vous en pensant que cette personne fait partie de votre vie *maintenant*, à ce moment précis ? Répondre à cette question pourrait vous aider à ressentir le bonheur d'avoir cette personne dans votre vie au lieu de vous inquiéter de ce qui pourrait lui arriver.

DOMMAGES CORPORELS ET SÉCURITÉ

Adoptez un nouveau point de vue

Faites preuve de précision

- Pouvez-vous prendre des mesures précises ?

Trouvez des solutions de remplacement

- Pensez à des situations moins graves.

Cherchez des preuves

- Il n'y a pas plus de risques pour que cela se produise du fait que vous y pensez.

- Ne prenez pas les images ou les émotions comme des preuves de vraisemblance.

Imaginez que le pire est arrivé

- Vous pouvez faire face à l'adversité.

Explorez de nouveaux points de vue

- Débarrassez-vous de vos convictions intimes quant à l'intérêt de vous inquiéter.

Affrontez vos peurs

- N'évitez plus les conversations ou les films qui portent sur des événements tragiques.

- Abandonnez les comportements de prudence excessive qui entretiennent la spirale d'inquiétude.

Détendez votre corps et votre esprit

- Relâchez la tension musculaire et adoptez une respiration profonde.

Concentrez-vous sur le moment présent

- Ramenez votre attention sur les joies que comporte le moment présent.

CHAPITRE 11

Pour conclure

J'espère que ce livre vous aura permis d'en savoir davantage sur le phénomène de l'inquiétude et qu'il vous aura fait découvrir de nouveaux moyens d'y faire face. Si vos inquiétudes portent sur votre vie relationnelle, sur votre travail ou sur votre sécurité, vous devriez également avoir appris à adapter vos stratégies à ces domaines précis. Que faire si vos inquiétudes portent sur des sujets qui n'appartiennent à aucune de ces catégories définies ? Nombreuses sont les femmes qui sont aux prises avec des inquiétudes qui portent sur les petits détails de la vie quotidienne que nous connaissons toutes : être en retard à un rendez-vous, s'assurer que les enfants sont prêts pour partir à l'école, trouver une place de stationnement, faire réparer la voiture, préparer le repas et s'assurer que les devoirs ont bien été faits. Si vous vous inquiétez pour des détails, entraînez-vous à appliquer les stratégies présentées à la deuxième partie. Avec le temps, vous finirez par aller à l'essentiel et mettre rapidement vos inquiétudes en perspective, en vous posant quelques questions :

- Que se passera-t-il si mes inquiétudes sont fondées ?

- Est-ce que ce serait si grave que cela ?

- Quelle importance cela revêt-il par rapport à ce qui m'est le plus précieux ?

Comparez l'importance de vos inquiétudes mineures aux choses qui vous tiennent le plus à cœur dans la vie. Pour vous aider, vous pourriez faire une liste de ce qui vous semble le plus important. Vous pourrez alors ramener votre attention sur ces éléments et prendre contact avec les sentiments de joie et de gratitude qui pourraient surgir. Il vous sera, ainsi, plus facile de vous détacher des détails.

Vous avez déjà fait un grand pas en avant en lisant cet ouvrage. Rappelez-vous que vous avez le pouvoir d'enrichir votre vie et de mettre fin aux habitudes qui entretiennent les spirales d'inquiétude. Je vous souhaite la meilleure des chances dans votre pratique et dans votre découverte du chemin qui vous appartient !

RESSOURCES

COMMENT TROUVER UN THÉRAPEUTE

Pour vous aider à surmonter les troubles anxieux, de nombreux thérapeutes d'allégeance cognitive ou behavioriste sont à votre disposition au Québec. Référez-vous aux associations ainsi qu'aux corporations professionnelles pour trouver un psychologue ou un psychiatre compétent. Voici quelques liens utiles :

Association des médecins psychiatres du Québec
http://www.ampq.org/3/

Association des troubles anxieux du Québec
http://www.ataq.org/index.html

Ordre des psychologues du Québec
http://www.ordrepsy.qc.ca/opqv2/fra/index.asp

LECTURES SUPPLÉMENTAIRES

Crises de panique et phobies

ANTHONY, M. *Mastery of Your Specific Phobia: Client Workbook*, Graywind Publications, Boulder, Colorado, 1995.

ANTHONY, M., et R. MCCABE. *10 Simple Solutions to Panic: How to Overcome Panic Attacks, Calm Physical Symptoms, and Reclaim Your Life*, New Harbinger Publications, Oakland, Californie, 2004.

BARLOW, D., et M. CRASKE. *Mastery of Your Anxiety and Panic: Client Workbook (MAP-3)*, 3e édition, Psychological Corporation, San Antonio, Texas, 2000.

BOURNE, E. *The Anxiety and Phobia Workbook*, 4e édition, New Harbinger Publications, Oakland, Californie, 2005.

BROWN, D. *Flying without Fear*, New Harbinger Publications, Oakland, Californie, 1996.

POLLARD, C.A., et E. ZUERCHER-WHITE. *The Agoraphobia Workbook: A Comprehensive Program to End Your Fear of Symptom Attacks*, New Harbinger Publications, Oakland, Californie, 2003.

ZUERCHER-WHITE, E. *An End to Panic: Breakthrough Techniques for Overcoming Panic Disorder*, New Harbinger Publications, Oakland, Californie, 1998.

Timidité et anxiété sociale

ANTHONY, M. *10 Simple Solutions to Shyness*, New Harbinger Publications, Oakland, Californie, 2004.

ANTHONY, M., et R. SWINSON. *The Shyness and Social Anxiety Workbook: Proven Techniques for Overcoming Yours Fears*, New Harbinger Publications, Oakland, Californie, 2000.

HOPE, D., R. HEIMBERG, H. JUSTER et C. TURK. *Managing Social Anxiety: A Cognitive-Behavioral Therapy Approach*, Psychological Corporation, San Antonio, Texas, 2000.

MARKWAY, B., C. CARMIN, C. A. POLLARD et T. FLYNN. *Dying of Embarrassment: Help for Social Anxiety and Social Phobia*, New Harbinger Publications, Oakland, Californie, 1992.

STEIN, M., et J. WALKER. *Triumph over Shyness: Conquering Shyness and Social Anxiety*, McGraw-Hill, New York, 2002.

Anxiété relative à la santé

ZGOURIDES, G. *Stop Worrying about Your Health! How to Quit Obsessing about Symptoms and Feel Better Now*, New Harbinger Publications, Oakland, Californie, 2002.

Dépression

ADDIS, M., et C. MARTELL. *Overcoming Depression One Step at a Time: The New Behavioral Activation Approach to Getting Your Life Back*, New Harbinger Publications, Oakland, Californie, 2004.

BIELING, P., et M. ANTONY. *Ending the Depression Cycle: A Step-by-Step Guide for Preventing Relapse*, New Harbinger Publications, Oakland, Californie, 2003.

BURNS, D. *Feeling Good: The New Mood Therapy*, Avon Books, New York, 1999.

NOLEN-HOEKSEMA, S. *Women Who Think Too Much: How to Break Free of Overthinking and Reclaim Your Life*, Henry Holt and Company, New York, 2003.

Conscientisation

ALBERS, S. *Eating Mindfully: How to End Mindless Eating and Enjoy a Balanced Relationship with Food*, New Harbinger Publications, Oakland, Californie, 2003.

BRANTLEY, J. *Calming Your Anxious Mind: How Mindfulness and Compassion Can Free You from Anxiety, Fear, and Panic*, New Harbinger Publications, Oakland, Californie, 2003.

KABAT-ZINN, J. *Full Catastrophe Living*, Dell Publishing, New York, 1990.

KABAT-ZINN, J. *Wherever You Go, There You Are, Hyperion*, New York, 1994.

Sexe et communication

FOLEY, S., S. KOPE et D. SUGRUE. *Sex Matters for Women: A Complete Guide to Taking Care of Your Sexual Self*, Guilford Press, New York, 2002.

ZOLDBROD, A., et L. DOCKETT. *Sex Talk: Uncensored Exercises for Exploring What Really Turns You On*, New Harbinger Publications, Oakland, Californie, 2002.

RÉFÉRENCES

ANXIETY DISORDERS ASSOCIATION OF AMERICA (Association américaine des troubles anxieux). « Statistics and Facts about Anxiety Disorders », 2003, www.adaa.org/mediaroom/index.cfm.

ARCUS, D., et J. KAGAN. « Temperament and craniofacial variation in the first two years », *Child Development*, vol. 66, no 5, 1995, p. 1529-1540.

BERNSTEIN, D., et T. BORKOVEC. *Progressive Relaxation Training: A Manual for the Helping Professions*, Research Press, Champaign, Illinois, 1973.

BERNSTEIN, D., T. BORKOVEC et H. HAZLETT-STEVENS. *New Directions in Progressive Relaxation Training: A Guidebook for Helping Professionals*, Praeger Publishers, Westport, Connecticut, 2000.

BORKOVEC, T., M. NEWMAN, A. PINCUS et R. LYTE. « A component analysis of cognitive behavioral therapy for generalized anxiety disorder and the role of interpersonal problems », *Journal of Consulting and Clinical Psychiatry*, vol. 70, 2002, p. 288-298.

BORKOVEC, T., et A. RUSCIO. « Psychotherapy for generalized anxiety disorder », *Journal of Clinical Psychiatry*, vol. 62, 2001, p. 11.

BORYSENKO, J. *A Woman's Book of Life: The Biology, Psychology, and Spiruality of the Feminine Life Cycle*, Putnam, New York, 1996.

BROWN, T., T. O'LEARY et D. BARLOW. « Generalized anxiety disorder », *Clinical Handbook of Psychological Disorders*, 3ᵉ édition, Guilford Press, New York, éd. D. Barlow, 2001, p. 154-208.

CRASKE, M. G. *Origins of Phobias and Anxiety Disorders: Why More Women Than Men ?*, Elsevier Press, Oxford, 2003.

DUGAS, M., M. FREESTON et R. LADOUCEUR. « Intolerance of uncertainty and problem orientation in worry », *Cognitive Therapy and Research*, vol. 21, 1997, p. 593-606.

GOULD, R., S. SAFREN, D. WASHINGTON et M. OTTO. « A meta-analytic review of cognitive-behavioral treatments », *Generalyzed Anxiety Disorder: Advances in Research and Practice*, Guilford Press, New York, éd. R. Heimberg, C. Turk et D. Mennin, 2004, p. 248-264.

HAZLETT-STEVENS, H., et M. CRASKE. « The catastrophizing worry process in generalized anxiety disorder: A preliminary investigation of an analog population », *Behavioral and Cognitive Psychotherapy*, vol. 31, 2003, p. 387-401.

JACOBSON, E. *Progressive Relaxation*, University of Chicago Press, Chicago, 1938.

KABAT-ZINN, J., A. MASSION, J. KRISTELLER, L. PETERSON, K. FLETCHER, L. PBERT, W. LENDERKING et S. SANTORELLI. « Effectiveness of a meditation-based stress reduction program in the treatment of anxiety disorders », *American Journal of Psychiatry*, vol. 149, 1992, p. 936-943.

LYNN, R., et T. MARTIN. « Gender differences in extraversion, neuroticism, and psychoticism in 37 nations », *Journal of Social Psychology*, vol. 137, no 3, 1997, p. 369-373.

MCGEE, R., M. FEEHAN, S. WILLIAMS et J. ANDERSON. « DSM-III disorders from age 11 to age 15 years », *Journal of the American Academy of Child and Adolescent Psychiatry*, vol. 31, 1992, p. 50-59.

MEYER, T., M. MILLER, R. METZGER et T. D. BORKOVEC. « Development and validation of the Penn State Worry Questionnaire », *Behavior Research and Therapy*, vol. 28, 1990, p. 487-495.

MOR, N., et J. WINQUIST. « Self-focused attention and negative affect : A meta-analysis », *Psychological Bulletin*, vol. 128, no 4, 2002, p. 638-662.

OFFORD, D. R., M. H. BOYLE, D. CAMPBELL, P. GOERING, E. LIN, M. WONG et Y. RACINE. « One-year prevalence of psychiatric disorder in Ontarians 15 to 64 years of age », *Canadian Journal of Psychiatry*, vol. 41, no 9, 1996, p. 559-563.

OHANNESSIAN, C. M., R. M. LERNER, J. V. LERNER et A, EYE. « Does self-competence predict gender differences in adolescent depression and anxiety ? », *Journal of Adolescence*, vol. 22, no 3, 1999, p. 397-411.

ORSILLO, S., L. ROEMER et D. BARLOW. « Integrating acceptance and mindfulness into existing cognitive-bahavioral treatment for GAD: A case study », *Cognitive and Behavioral Practice*, vol. 10, 2003, p. 222-230.

PENNEBAKER, J. W. « Psychological factors influencing the reporting of physical symptoms », *The Science of Self-Report: Implications for Research and Practice*, Lawrence Erlbaum Associates, Mahwah, New-Jersey, éd. A. A. Stone et J. S. Turkkan, 2000, p. 299-315.

PENNEBAKER, J. W., et T. ROBERTS. « Toward a his hers theory of emotion: Gender differences in visceral perception », *Journal of Nervous and Mental Disease*, vol. 185, 1992, p. 314-319.

RACHMAN, S. *Fear and courage*, W. H. Freeman & Co, San Francisco, 1990.

ROEMER, L., S. MOLINA et T. BORKOVEC. « An investigation of worry content among generally anxious individuals », *Journal of Nervous and Mental Disease*, vol. 185, 1997, p. 314-319.

RUSCIO, A. « Delimiting the boundaries of generalized anxiety disorder: Differenciating high worriers with and without GAD », *Journal of Anxiety Disorders*, vol. 16, 2002, p. 377-400.

WEGNER, D. *White Bears and Other Unwanted Thoughts*, Guilford Press, New York, 1989.

WITTCHEN, H., S. ZHAO, R. KESSLER et W. EATON. « DSM-III-R generalized anxiety disorder in the National Comorbidity Survey », *Archives of General Psychiatry*, vol. 51, 1994, p. 355-364.

ZINBARG, R., M. CRASKE et D. BARLOW. *Mastery of Your Anxiety and Worry: Therapist Guide*, Graywind Publication, Boulder, Colorado, 1993.

LES AUTEURS

Holy Hazlett-Stevens, Ph.D., est chargée de cours en psychologie à l'Université du Nevada de Reno, au Nevada. Elle effectue depuis dix ans des recherches psychologiques – dans les domaines de l'inquiétude, de l'anxiété et de la relaxation – qui ont fait l'objet d'une bonne vingtaine d'articles de journaux et de chapitres de livres. Elle est coauteur de l'ouvrage *New Directions in Progressive Relaxation Training*.

Michelle G. Craske, Ph.D., est professeur de psychologie et de sciences psychiatriques et comportementales à l'Université de Californie, à Los Angeles, et elle dirige le programme de recherche *UCLA Anxiety Disorders Behavioral Research Program*. Elle a publié une centaine d'articles et de chapitres dans les domaines des troubles de l'anxiété et de la peur, et elle est coauteur des ouvrages *Anxiety Disorders: Psychological Approaches to Theory and Treatment et Treatment and Origins of Phobia and Anxiety Disorders: Why More Women than Men?*

TABLE DES MATIÈRES

Pourquoi les femmes souffrent davantage d'anxiété et sont plus souvent inquiètes que les hommes ?
Michelle G. Craske, Ph.D. et Najwa Chowdbury, BS

Quelle est l'origine des troubles de l'anxiété ? À quel moment apparaissent les troubles de l'anxiété ? Pourquoi les femmes sont-elles plus vulnérables aux troubles de l'anxiété ? La prédisposition à éprouver des sentiments désagréables. «Combattre ou fuir» par opposition à «prendre soin et copiner». En conclusion.

PREMIÈRE PARTIE — L'origine de l'inquiétude et de l'anxiété

Sharon ou l'inquiétude à s'en rendre malade. Qu'est-ce que l'inquiétude ? Quelle est la différence entre, d'une part, l'inquiétude et, d'autre part, l'anxiété, la peur et les crises de paniques ? Quelle est l'origine de l'inquiétude chronique ? Les femmes et l'inquiétude. Souffrez-vous d'anxiété ? Comment utiliser ce livre.

L'anxiété est-elle nécessairement néfaste ? Quelle est l'origine de l'anxiété ? Les pensées. Sentiments subjectifs. Sensations physiques. Comportement. La spirale d'inquiétude : une réaction en entraîne une autre. Repérez vos spirales d'inquiétude.

Pourquoi est-il important de se surveiller ? Comment examiner
avec objectivité le processus d'inquiétude ? Repérez vos spirales
d'inquiétude de plus en plus tôt. Quatre stratégies de base pour
instaurer de nouvelles habitudes. Mettez vos inquiétudes en perspective. Efficacité prouvée de cette approche de l'inquiétude.

Vos pensées ne sont pas des faits. Considérez vos pensées
comme étant des suppositions. Envisagez vos pensées sous un
angle différent. Réalisez que vous n'êtes pas obligée de vous
faire du souci.

Les inconvénients de l'évitement. Faites preuve de courage :
comment affronter ce que vous essayez d'éviter. Dépassez votre
zone de confort. Abandonnez les comportements qui entretiennent la spirale d'inquiétude.

Les bienfaits de la relaxation. Quand la relaxation n'est pas
indiquée. Respirez lentement et profondément. Détendez vos
muscles. Détendez-vous grâce à la visualisation. Appliquez vos
connaissances en relaxation.

Chapitre 7
Concentrez-vous sur le moment présent

Pourquoi se concentrer sur le moment présent? Qu'est-ce que la conscientisation? Effectuez les tâches les plus anodines avec conscience. Mangez avec conscience. Respirez avec conscience. Pratiquez vos loisirs avec conscience.

TROISIÈME PARTIE — Vaincre des inquiétudes précises

Chapitre 8
Inquiétudes liées à l'aspect relationnel

Inquiétudes liées à l'aspect relationnel. Adoptez un nouveau point de vue. Affrontez vos peurs. Détendez votre corps et votre esprit. Concentrez-vous sur le moment présent.

Chapitre 9
Inquiétudes liées au travail et à la réussite

Inquiétudes liées au travail. Adoptez un nouveau point de vue. Affrontez vos peurs. Détendez votre corps et votre esprit. Concentrez-vous sur le moment présent.

Chapitre 10
Inquiétudes liées
aux dommages corporels et à la sécurité

Inquiétudes liées à la sécurité. Adoptez un nouveau point de vue. Affrontez vos peurs. Détendez votre corps et votre esprit. Concentrez-vous sur le moment présent.